運送業の
安全マネジメント

～トラック・バス・タクシー経営の基本～

高橋 朋秀 著

同友館

はじめに

　自然環境の破壊は、気候の大変動や様々な災害を引き起こしている。これは人類だけの問題でなく、地球上の全生物の存亡に関わる問題である。
　破壊は、自然に対してだけでなく、人と人との関係の中でも起こっている。
　犯罪の増加、自殺の増加など社会の秩序の破壊が進んでいる。そのような社会において、創造的な集団を形づくるには、信頼に根ざしたコミュニケーションとそれにもとづく協力関係が必要となる。肥大化する欲望が人と人、人と物との関係性、秩序を喪失させていく。これらが事故を起こす人と組織、そして現在の社会構造の根底にある。
　家庭、職場、そして社会でも安全と環境保全の問題は一体である。人のいのちを大切にすることは、物やエネルギーのいのちを大切に活かすことと同じである。
　事故は最大の社会・環境破壊である。人身事故、車両事故、荷物事故のいずれも人の生命をおびやかすだけでなく、それに関わる生活や仕事、そして物や自然が損なわれることにつながる。そして、それを起こした人にも、経済的負担だけでなく大きな心の傷として残ることになる。
　安全経営の基本は、そこに働く人々の信頼に根ざしたコミュニケーションであり、それをもとに形成される文化である。人と人との挨拶、報告・連絡・相談、車や機械・道具を自らの体やわが子のごとく大切に扱い、点検、手入れ、後始末などを徹底する。これらを通じて創造的な職場が生まれる。
　このような職場生活・仕事のしかたが、安全な運行を実現し、燃料費、修理費、タイヤ・チューブ費などのコストの低減にも着実に結びつく。車（物）や燃料（エネルギー）を徹底して活かして使うことは、同時に環境にも優しい職場が実現される。これらは経営者をはじめ、管理者、ドライバーの生活のしかた、安定した運行によって実現できる。

プロドライバーとしての安全確実な運行の前提には、ドライバーの家庭において、家族の信頼とコミュニケーションがはかられ、健康・愛和な家庭の実現が欠かせない。ドライバーと家族の成長は一体である。この業界ほど家庭生活と職場生活とが密着し、不可分な職場はないだろう。

　ドライバーは職場と家庭で生活するごとく運転するのである。目の前の道路において運転するだけでなく、家族や働く仲間とともに未来に向けてハンドルを握っているのである。

　安全と環境保全の実現にあたり、私達は自分だけの力で生きるのでなく、自然のもとに生かされていることに深く気づくことから出発する必要がある。それがまた日本文化の根底にあるものである。自然を敬い、自然の恵みに感謝し共生してきた、これこそが私達日本人の持続発展を支えて来たモトである。

　自然そして周りに生かされているという見方・考え方は、企業経営における経営者自身にとっても同様である。企業経営において、経営者と取引先（顧客、仕入先、借入先、従業員、公共、出資者）は、競争、自己利益優先ではなく、顧客や地域社会を通じて外に開かれた共生共益の経営への転換が求められる。

　一般社団法人日本創造経営協会と自動車運送業界との関わりは、昭和35年（1960年）日本創造経営グループの創業者　薄衣佐吉が、静岡県内三事業者の赤裸々な経営公開を受けて、業界初の総合診断を行い、トラック運送事業の近代化に取り組んだことが始まりであり、その成果を「トラック経営読本（柏林書房、1963年）」としてまとめている。昭和40年（1965年）には、運輸省自動車局（当時）の貨物自動車運送事業の実態調査に取り組んだ。

　それから約半世紀が過ぎた。一般社団法人日本創造経営協会では、会員の企業経営における実践を通じて、取り巻く環境変化と業界の生成発展プロセスに対応する活動を展開してきた。貨物運送事業においては、「輸送コストの削減」、「経営革新」、「環境経営」など中長期的な経営の

指針を示すことに取り組み、一方で、旅客運送事業分野への適用にも取り組んできた。

　現在、国内経済が停滞し、人口減少が見通される中で、輸送需要も低迷し、過当競争となっている。一方で、自動車運送事業者に対する安全・環境をはじめ社会的要請はますます高まってきている。

　そのような中で、本書は、運送業経営の基本である安全の問題を、経営の問題として突き詰め、現在の経済・社会の閉塞感、自動車運送業界の閉塞感を打破する方向性を述べたものでもある。

　事故を減らすことによりロスが減少するだけではない。顧客や従業員などとの信用を高め、中核人材を育成し、営業・車両管理・運行管理など主要な経営機能を充実させいく入り口は、安全からである。それにより人事労務・会計・IT（情報）などを含む経営全般の機能をも充実させていくことが可能となるのである。

　本書で述べる「安全マネジメント」は、厳しい経営環境の変化に対応し、自動車運送事業者が生き残り、発展していくための経営である。「安全マネジメント」＝「安全管理」ではなく、トラック・バス・タクシー運送業経営の基本として、「安全から始まる経営革新」への指針にご活用頂ければ幸いである。

　入社以来、専門家として私を導いて頂き、本書の執筆に際しては懇切丁寧にご指導頂いた日本創造経営グループの礒部巖代表に心からお礼を申し上げる。

　また、本書のまとめに協力して頂いたのは、一般社団法人日本創造経営協会、㈱創造経営センターの諸先輩をはじめ、児玉陽太、武田紘輔の諸氏である。

　最後に、短期間に本書の企画、編集、出版にご協力頂いた株式会社同友館の方々に厚く御礼申し上げたい。

　2013年7月

　　　　　　　　　　　　　　　　　　　　　　　　　　高橋　朋秀

目　次

はじめに　1

第1章　なぜ今、安全マネジメントか？

1　自動車運送業経営の課題……………………………………14
　（1）自動車運送業界の概況　15
　（2）高まる社会的使命　16
　（3）輸送量の減少と事業者数の推移　16
　（4）収益性、生産性、賃金水準の低下　18
　（5）労働条件とドライバーの確保　20
　（6）業界の事故状況　22

2　安全マネジメントによる環境変化への適応……………24
　（1）規模を拡大して生き残る(一部の中堅・大手など良好企業の選択肢)　26
　（2）規模を縮小して存続する(一時的に良くても将来は厳しい)　27
　（3）経営革新を図る(内を固めて外に拓く)　27
　（4）資本力を活かして業種分野を拡充する(大手などが中心の選択肢)　27
　（5）事業譲渡あるいは合併する　28
　（6）転業または廃業する　28

3　事故防止から安全マネジメントへ………………………29
　（1）事故による収益性への影響　29
　（2）事故の原因・真因　29
　（3）生活するごとく運転する(経営は人であり人づくりが土台)　31

（4）事故は経営活動の結果　　34
　　（5）安全マネジメントの体系－事故防止から安全マネジメントへの転換　　35

　　COLUMN　「事故」に含まれるもの　　36

4　安全マネジメントの内容 ……………………………………37
　　（1）経営者の理念（価値）が安全に与える影響　　37
　　（2）管理者育成とマネジメントシステム　　37
　　（3）創造的な職場づくりと業務システム　　37
　　（4）優秀ドライバーの確保・育成　　38
　　（5）カギを握る小集団活動とペアシステム　　38

5　安全から始まる経営革新
　～安全は家庭、職場、社会の連携が不可欠 ……………………39
　　（1）運送業経営の特性　　39
　　（2）安全マネジメントを通じた人と組織づくりからの出発　　39
　　（3）安全を通しての経営革新と企業の発展　　39

第2章　安全マネジメントの体系と展開

1　安全を通じて成長する事業者の特徴 ……………………………42
　　（1）経営者が「安全」を経営目的に織り込んでいる　　42
　　（2）信頼にもとづくコミュニケーションが浸透している　　44
　　（3）行動の基本、業務の基本が身についている　　46
　　（4）現場情報が重視されている　　48
　　（5）失敗から学び、常に向上する意欲に満ちている　　50

2 安全を実現する要素（人、システム、文化）……………52
  - （1）人の要素　52
  - （2）システムの要素　53
  - （3）文化の必要性　53

3 安全マネジメントの体系……………………………………54
  - （1）安全マネジメントにおける階層と要素　55
  - （2）5人に一人のリーダーが生み出す安全な運転や作業　56
  - （3）管理者の責任能力（レスポンシビリティ）の発揮　56
  - （4）マネジメントシステムと経営機能の充実　56
  - （5）経営者の理念と構想　56

4 安全マネジメントの展開…………………………………58
  - （1）衰退するマネジメントの特徴　59
  - （2）生き残るマネジメントの特徴　60
  - （3）持続発展するマネジメントの特徴　60

第3章 安全マネジメント診断
～現状と目標、改善シナリオを明らかにする～

1 安全マネジメント診断……………………………………68
  - （1）安全マネジメント診断の内容　68
  - （2）組織・人材診断　69

| COLUMN | 事故率とKD−Ⅰ得点との関係　73 |
| COLUMN | 優秀ドライバーと事故惹起ドライバーの違い　74 |

　（3）マネジメントシステム診断　79
　（4）安全パフォーマンス診断　82
　（5）安全マネジメント診断のアウトプット　83

2　安全マネジメントの改善目標……………………………………88
　（1）組織・人材面の課題　88
　（2）改善目標への取り組み方　91

3　安全マネジメント改善シナリオの考え方…………………………92
　（1）PDCA を機能させる人と組織　92
　（2）ペアシステムによる人づくり　92
　（3）小集団活動による質の向上　93

4　改善シナリオの展開とスケジュール………………………………94
　（1）導入期（1年目）の基本スケジュール　94
　（2）中期的展開スケジュール　95

第4章　マネジメントシステムの構築と運用

1　マネジメントシステムの基本的な考え方……………………98
　（1）マネジメントシステムとは　98

| COLUMN | PDCA サイクル　99 |

（2）安全マネジメントにおける PDCA とは　　102
　　（3）業務プロセス管理の必要性　　104

2　安全のための業務プロセス管理……………………………… 105
　　（1）1日の仕事の流れと事故の発生　　105
　　（2）業務プロセスの改善　　107

3　業務プロセス改善を実現する人の育成……………………… 109
　　（1）働く心と責任を果たす能力　　109
　　（2）業務プロセス改善と育成の場づくり　　109
　　（3）業務プロセス改善を通じた人材育成　　111

　　COLUMN　IT・新技術の活用　　113

4　マネジメントシステム構築・運用への取り組み方………… 114
　　（1）基本レベルの取り組み方　　116
　　（2）実践レベルの取り組み方　　118
　　（3）革新レベルの取り組み方　　120

　　COLUMN　ISO39001、運輸安全マネジメント、安全性認定制度　　122
　　COLUMN　国土交通省の企業風土分析ツール　　124

第5章 小集団活動の展開

1 小集団活動の基本的な考え方 ·················· 128
 （1）人づくりの小集団活動の特徴　128
 （2）組織性格の向上　128
 （3）小集団活動のレベル　128
 （4）レベル1「土壌づくり」の内容　130
 （5）レベル2
  「安全向上・業務改善活動（問題発見、ベンチマーク）」の内容　131
 （6）レベル3
  「安全向上・業務改善活動（日々改善、経営管理強化）」の内容　132

2 小集団活動の進め方 ·················· 133
 （1）階層別役割と組織編制　133
 （2）5人に一人のリーダーづくり　134
 （3）小集団活動の内容　134

3 小集団活動の手法 ·················· 143
 （1）改善ストーリー　143
 （2）運送業における問題点の発見　144
 （3）ミーティングのしかた（ブレーンストーミングのコツ）　148
 （4）データの収集方法　149
 （5）問題点の発見とKD－Ⅰ、KD－Ⅱ　150

4 小集団活動の取り組み事例 ·················· 151
 （1）貨物運送事業者の事例　151
 （2）旅客運送事業者の事例　154

第6章 安全文化を生み出す人づくり

1 安全文化を生み出す人づくりの基本的な考え方………… 160
 （1）経営者とその理念　160
 （2）マネジメントシステム、小集団活動を実現する人と組織づくり　161
 （3）経営革新を担う中核人材の育成　164

 COLUMN 補完関係とは　166

2 人材育成計画の作成と運用…………………………………… 167
 （1）育成計画づくりの進め方（願いに基づく育成）　168
 （2）人材育成計画の内容　171
 （3）創造経営教室の活用　171

 COLUMN 創造経営教室での気づき、誓いの実践　173

 （4）育成計画を通じた安全目標の実現　176

3 マネジメントシステムと管理者の育成…………………… 177
 （1）マネジメントシステムにおける管理者の役割（職務）　177
 （2）管理者の職務と責任能力　178
 （3）責任能力の土台となる人間性　181
 （4）能力開発の基本　182
 （5）管理者の育成計画　183

4　リーダーの育成と職場改善 …………………………… 184
　（1）リーダー（班長）の役割　184
　（2）ペアシステムの内容と編制（5人組）　186
　（3）個別面談の進め方　188

5　優秀ドライバーの育成 ……………………………………… 189
　（1）優秀ドライバーとは　189
　（2）ドライバーの目標設定と能力開発　191

第7章　安全マネジメントの自己診断チェックリスト

1　安全マネジメントのチェックリスト（全社）
『安全マネジメントの体系』 ……………………………………… 194

2　安全マネジメントのチェックリスト（営業所）
『目で見る管理の基本』 …………………………………………… 195
　（1）経営者のリーダーシップ　195
　（2）現場情報のモニタリング　196
　（3）ドライバーとのコミュニケーション　197
　（4）具体的ドライバースキル（教育・訓練）　198
　（5）小集団活動　199

3　安全マネジメントの自己診断総括表 ……………………… 200

第1章

なぜ今、安全マネジメントか？

　安全の問題は運送業の基本である。しかしそれだけではなく、事故低減を通じて、"マネジメントシステム充実"、"人と組織（ヒューマンウエア）の充実"、"これらの展開方式である小集団活動とペアシステム"により、安全文化を醸成し、安全マネジメントを展開していく。これが目に見えづらい経営力を身につけ、経営機能を充実させ、経営の革新につながっていく。

　しかし現実には、多くの自動車運送業では、「現場で問題が起きている」と考えているのではないだろうか。「ドライバーが車に乗って外に出る」という特性上、1）経営者・管理者と現業職（ドライバー）が分離しやすい、2）人の管理が難しい、3）集めようとしても集まれない、一匹狼が多い（人との交流が苦手だからこの業界に入ってきた）と、なりがちである。そのため、"事故発生"という問題についても、運行管理とドライバーの範囲で捉えられ、「現場で起きた」ことになり、現場の事故防止、現場任せの事故防止から脱することができない。

　本書で述べる"安全マネジメント"は、「事故は本社・事務所で起きている」、経営者の価値観（本音）の現れとして、各階層・各業務の連鎖で事故が起きていると捉え、経営の問題として取り組むものである。事故防止ではなく経営そのものである。

　安全を入り口に、働く従業員、ドライバーの生活や働きがいに秩序と統制そして希望をもたらし、持続的に発展する経営を目指していく。

1 自動車運送業経営の課題

　過去において国内経済の成長、輸送需要の増加、そして規制緩和により、自動車運送業界には多くの事業者が創業・参入し、同時に雇用も確保してきた。しかし現在は国内経済が停滞し、人口減少が見通されている。このままでは輸送需要は低迷し、過当競争は一層激化していくことは避けられないだろう。

　そのような競争環境の中で、安全・環境をはじめ社会的要請はますます高まってきている。この対応も現実にしていかなければならない。

　しかし、収入増が容易ではない一方で、燃料や車両コストが高く、付加価値生産性は低下し、赤字企業割合が増加している。長時間の労働と人件費の圧縮など労働環境は厳しく、定着率も低く、将来的にドライバーが不足する見通しの中、現実の募集・採用でも「人が集まらない」ことが事業者の共通課題となっている。この業界で現在働いている人たち自身が、将来に夢や希望を持てなければ、若い人材や新たな人材が入って来ようはずもない。

　トラック、バス、タクシーの各業界では将来ビジョンを策定しているが、そこに至る道筋は各事業者自身が具体化しなくてはならない。
以上のような自動車運送業界の概況についてまずは見ていくこととする。

（1）自動車運送業界の概況

①トラック事業

営業収益は11兆3,367億円で事業者数は62,892者、1事業者当たりの営業収入は180百万円。車両保有台数6,362千台、従業員数1,036千人、内運転者数759千人となっている。

②バス事業

乗合、貸切あわせて営業収益1兆4,211億円で事業者数は5,543者、1事業者当たりの営業収入は256百万円。車両保有台数107千台、従業員数170千人、内運転者数127千人となっている。

③タクシー事業

法人、個人あわせて営業収益は1兆7,759億円で事業者数は57,055者である。車両保有台数は271千台で従業員数は448千人、うち運転者数は408千人となっている。

図表1－1－1　自動車運送業の事業概況【平成21年度】

区分	単位	トラック事業	バス事業			タクシー事業
			乗合	貸切	計	
営業収入	百万円	11,336,700	973,742	447,378	1,421,120	1,775,987
事業者数	者	62,892	1,347	4,196	5,543	（計）57,055 （法人）12,786 （個人）44,269
保有台数	台	6,362,434	―	―	107,876	271,327
従業員数	人	1,036,092	97,363	73,098	170,461	448,837
内運転者	人	759,319	74,644	52,530	127,174	408,602

資料：国土交通省「交通関連統計資料集」より作成
　　　タクシー事業の保有台数は、一般社団法人 全国ハイヤー・タクシー「自動車保有車両数月報」の値を使用

自動車運送業界の中でも、営業収入、保有台数、従業員数などの面で、トラック事業のウエイトが高い。

（2）高まる社会的使命
　国土交通省「交通関連統計資料」によると、貨物の国内の輸送トン数は平成22年度に約50億トンで、わずかに増加したが、平成7年66億トンをピークに減少傾向にある。営業用トラックの輸送量も同様の傾向を示しているが、平成22年度は32億トンと、全体の輸送の62.5％を分担している。自家用も入れると91.8％となる。

　また、旅客輸送の輸送人員は、自家用自動車を除いた数値で見ると平成21年293億人である。平成20年の297億人に対して約4億人減少している。中でも減少が著しいのは、旅客船が平成2年の1.6億人をピークに減少を続け、平成21年度は0.9億人となっている。また、航空についても平成18年度の0.9億人をピークに平成21年度は0.8億人まで減少を続けている。

　バス、タクシーにおいても輸送人員こそ減少傾向を示しているが、都市圏では鉄道輸送を補完する交通機関として機能しており、地方では主に高齢者や学生などのいわゆる移動制約者にとって必要不可欠な生活交通機関であり、更に最近では福祉・介護に活用と社会的使命は着実に増大している。

（3）輸送量の減少と事業者数の推移
　増大する社会的使命に対し、業界の革新を目指して、他分野に先駆け平成2年にトラック運送事業に規制緩和が実施された。それから10年後の平成12年に貸切バス、平成14年に乗合バス及びタクシー業界の規制緩和が実施された。その結果、輸送量の減少にもかかわらず企業数は増大してきた。その中心は小規模企業であり、多くは赤字経営に追い込まれている。

国土交通省「交通関係統計資料集」によると、トラック、バス、タクシー事業の輸送量と事業者数の推移は以下の傾向にある。

①トラック事業
　トラック事業者は規制緩和前の平成2年39,555者から平成21年度62,712者となり23,157者が増加している。近年の事業者数は、増加と減少を繰り返して概ね横ばいとなっている。

　事業者の規模は、車両10両以下が半数以上の35,161者、20両まででは48,672者と77.6%を占めている。

　輸送量は平成21年度こそ多少の増加は見られたものの1台あたりの輸送人員は減少傾向にある。

②バス事業
　バス事業者数は乗合バスでは平成18年10月に施行された改正道路運送法に伴い乗合バスとみなされる事業が含まれるようになったためそれ以前とは比較できないが、平成18年度1,087者から平成21年度1,453者へ増加している。また貸切バスについても平成18年度4,110者から平成21年度4,392者まで増加している。

　事業規模は、乗合バスが10両までで67.7%、20両まででは合計で79.8%となっている。貸切バスは更に小規模企業割合が高く、10両までで70.3%、20両まででは93.6%となっている。

　バス事業は、事業者数は増えるが輸送人員数は減少傾向にあり、トラック事業以上にその傾向は強い。

③ハイヤー・タクシー事業
　総事業者数は平成18年度52,097者に対し平成21年度は57,013者で4,916者の増加である。法人事業者と個人タクシーを分けて見ると、個人タクシーは平成18年度42,437者に対し平成21年43,334者と897

者増加している。法人事業者は平成18年9,660者に対し平成21年は13,679者と増加している。

タクシー事業も、事業者数は増えるが輸送人員数は減少傾向にあり、トラック事業以上にその傾向は強い。

図表1－1－2　事業者の規模【平成22年度】

区分	トラック		区分	乗合バス		貸切バス		ハイヤー・タクシー	
	事業者数	構成比		事業者数	構成比	事業者数	構成比	事業者数	構成比
10両まで	35,161	56.1%	10両まで	984	67.7%	3,088	70.3%	52,204	91.6%
20両まで	13,511	21.5%	30両まで	176	12.1%	1,022	23.3%	2,560	4.5%
50両まで	10,244	16.3%	50両まで	58	4.0%	182	4.1%	1,010	1.8%
100両まで	2,750	4.4%	100両まで	89	6.1%	85	1.9%	811	1.4%
100両以上	1,046	1.7%	100両以上	146	10.0%	15	0.3%	428	0.8%
計	62,712	100.0%	計	1,453	100.0%	4,392	100.0%	57,013	100.0%

資料：国土交通省「交通関連統計資料集」より作成

（4）収益性、生産性、賃金水準の低下
①トラック事業

損益の状況を見ると、トラック事業は平成21年度に多少の改善が見られ、営業収益経常利益率が0.9％になっている。しかし事業規模別に見ると当事業の77.6％を占める20両までの規模の事業者は赤字となっている（10両まで△1.4％、20両まで0.0％）。

②バス事業

バス事業は、特に乗合バスが平成19年度から21年度までの3ヵ年通して総資本経常利益率、営業収益経常利益率がマイナスとなっており利益計上することが難しくなっている。

貸切バスも平成21年度の総資本経常利益率は0.3％とプラスになって

いるが、営業収益経常利益率はマイナスであり厳しい経営状態にある事業者が多く存在すると言える。

③ハイヤー・タクシー事業

タクシー事業は総資本経常利益率、営業収益経常利益率のマイナスが大きい。特に平成20年度からのマイナス幅が大きい。

顧客からの輸送ニーズへの対応や品質要求は高まる一方で、輸送量は低迷し、事業者間の競争が激しくなっている。しかし車両や燃料などはコスト高であるため、収益性が低い。その結果、人件費への配分も絞らざるをえない状況である。

図表1-1-3 主な経営指標

	トラック			乗合バス			貸切バス			ハイヤー・タクシー		
	19年	20年	21年	19年	20年	21年	19年	20年	21年	19年	20年	21年
総資本経常利益率（％）	0.10	-1.10	1.10	-0.41	-0.24	-0.11	0.73	0.36	0.30	0.68	-0.79	-0.57
営業収益経常利益率（％）	0.10	-0.80	0.90	-5.39	-5.86	-5.86	0.66	-0.28	-0.27	-0.23	-1.68	-1.38
総資本回転率（回）	1.40	1.40	1.30	0.20	0.20	0.20	0.57	0.36	0.57	1.27	1.28	1.17

資料：国土交通省「自動車運送事業経営指標」より作成
　　　トラックに関するデータは全日本トラック協会
　　　「経営分析報告書平成21年決算版」のデータを使用

付加価値額の推移を見ると、トラック、ハイタク、バス事業全般において付加価値が減少傾向にある。中でもバス事業においては乗合バス（民営）及び貸切バス共に付加価値の減少幅が近年大きくなっている。

図表1－1－4　運送事業の一人当たり付加価値額の推移

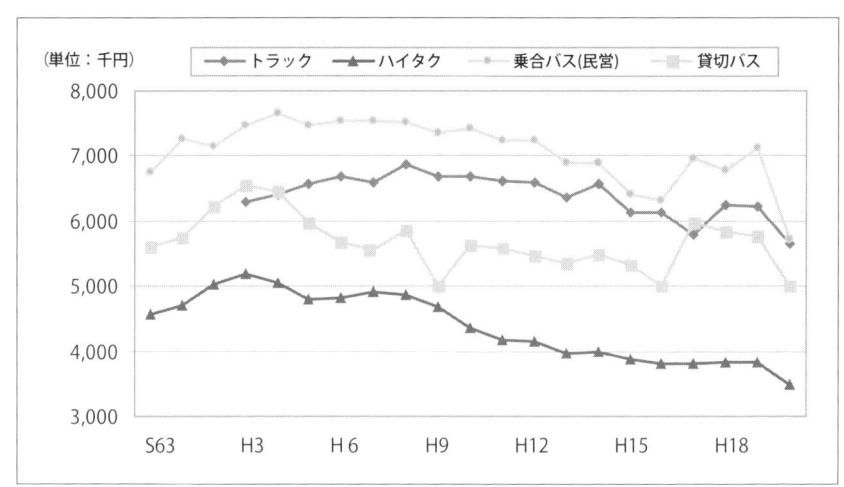

資料：自動車運送事業経営指標（国土交通省　自動車交通局）より作成
付加価値＝経常利益＋金融費用＋人件費＋租税公課＋施設使用料

（5）労働条件とドライバーの確保

　運送業界では運転者の確保、そのための労働条件の改善、賃金水準の向上に迫られている。また高齢者雇用については特にタクシー業界においては大きな問題となっている。

　平成23年度の産業別の労働時間と平均給与を見ると、全産業では月間労働時間が146.3時間に対し、運輸業・郵便業は174.5時間と28.2時間長くなっている。時間が長い分、給与も316千円に対し330千円と高くはなっているが、時間当たり給与を見ると全産業2,162円に対し1,892円となっている。

　さらに運輸業・郵便業を鉄道業・道路旅客運送業・道路貨物運送業で分けてみると、道路旅客運送業の時間当たり給与は1,343円と他産業と比べても最も低くなっている。また道路貨物運送業は労働時間が185.1時間と最も長く、時間当たり給与は1,616円と低くなっている。

図表1−1−5　平成23年度 産業別月間労働時間と平均給与の比較表

業　種	月間労働時間 (時間)	月間給与総額 (円)	時間当り給与 (円)
全産業	146.3	316,319	2,162
建設業	170.9	375,924	2,200
製造業	162.1	370,137	2,283
卸売業・小売業	138.2	264,440	1,913
金融・保険業	152.3	471,180	3,094
運輸業・郵便業	174.5	330,151	1,892
鉄道業	162.5	535,647	3,296
道路旅客運送業	178.1	239,144	1,343
道路貨物運送業	185.1	299,038	1,616

資料：厚生労働省「毎月勤労統計調査年報」事業規模5人以上より作成

　特にタクシー業界の時間当り給与は、平成23年度1,254円となっており、10年前と比べても大きく低下している。

図表1−1−6　タクシー運転者と全産業平均の労働時間及び賃金の比較表

	平成13年度			平成23年度		
	月間労働時間(時間)	月間賃金(円)	時間あたり賃金(円)	月間労働時間(時間)	月間賃金(円)	時間あたり賃金(円)
全産業	180	419,125	2,328	179	392,442	2,192
タクシー	202	277,717	1,375	193	241,950	1,254
差異	22	-141,408	-954	14	-150,492	-939

資料：厚生労働省「賃金構造基本統計調査」より作成
注）月間賃金は、年間賞与等を月割で加算した数値を使用
注）月間労働時間には、所定内実労働時間に超過実労働時間を加算して算出

人材も集まりづらく60才の定年をすぎても雇用延長を行なっている業者も多く見られる。中でもタクシー業界は個人タクシーの定年が75才となっており高齢化が進んでいる。

国土交通省「交通関係統計資料集」によれば、平成22年度末現在で70才以上のタクシー運転手は一万人を超えている。そのような中で74才個人タクシー運転手の踏切事故などはタクシー業界全体の信用に関わる問題を引き起こしている。

（6）業界の事故状況

事業用自動車の交通事故の件数は、平成17年68,409件から平成23年49,080件と一定の成果は上げているものの、平成21年からは下げ止まりの傾向を示している。

トラックについては、平成17年36,782件から平成23年24,860件へと低下しているものの、平成21年からは横ばいとなっている。

バスについては、平成17年3,833件から平成23年2,604件へと低下している。

ハイヤー・タクシーについては、平成17年27,794件から平成23年21,616件へと低下しているものの、減少幅は少なくなっている。

国土交通省では、「事業用自動車総合安全プラン2009」（平成21年3月）に基づき、10年間で事業用自動車の事故件数等を半減するなどの事故削減目標を掲げている。運輸安全マネジメントの浸透などによる安全体質の確立、コンプライアンスの徹底、アルコールチェックの徹底による飲酒運転の根絶、ドライブレコーダー、デジタルタコグラフなどの運行管理に係るＩＴ機器の普及・活用や予防安全に係る新技術の開発・普及、道路交通環境の改善など、ハード・ソフトの両面から施策を講じてきている。

また、平成23、24年度の「自動車運送事業に係る交通事故要因分析

第1章 なぜ今、安全マネジメントか？

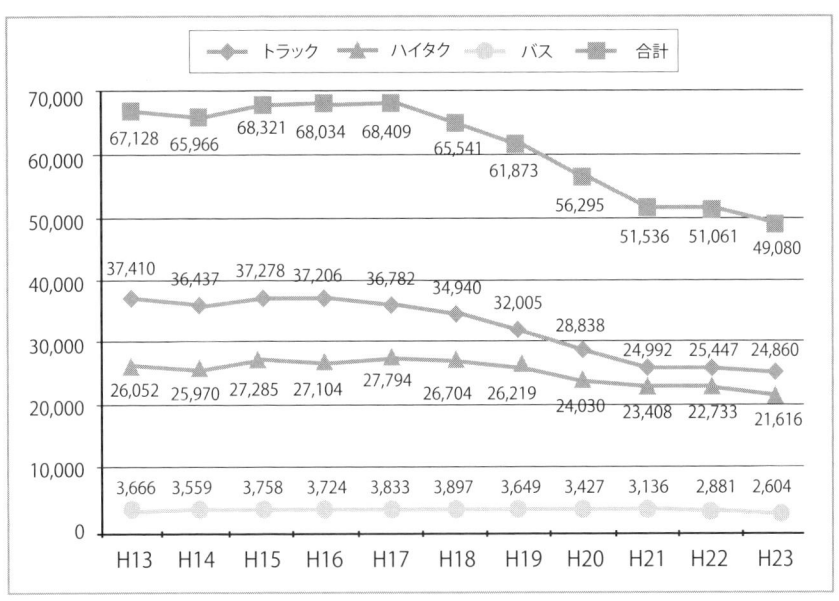

図表1-1-7　事業用自動車の業態別交通事故件数の推移

資料：事業用自動車に係る総合的安全対策検討委員会資料より作成

検討会報告書」では、過労運転による事故の防止、追突事故の防止をテーマに、運転者面、運行管理面から発生の背景・要因の分析を進めている。

　トラックの追突事故防止に関しては、経営トップ、現場管理者及び運転者それぞれの役割に応じた分かりやすい「指針」及び「マニュアル」も作成されている。

2 安全マネジメントによる環境変化への適応

　国土交通省では、トラック、バス、タクシーの業界ビジョンを策定してきている。

　トラック業界では、サプライチェーンにおける物流を担う存在として、創意工夫により生産性を高めていくことが重要であるとしている。そのためのサービス開発として、３ＰＬ（サードパーティロジスティクス）、共同輸配送、荷主・消費者など様々なニーズへの対応、海外進出などが挙げられている。環境対策・安全確保により"品質の高さで選ばれる事業者"が出てくるような市場の育成が必要であるとも言われている。

　バス業界では、高速・貸切バスの安全・安心の回復を前提として、社会的役割と事業創造の可能性では、街づくりや渋滞緩和（環境問題）との関わり、交通バリアフリーや高齢化への対応や観光需要取り込みへの貢献、また、多様なニーズに対応していくことの中で、路線網の連携や地方部の輸送ニーズへの対応などが挙げられている。

　タクシー業界では、供給過剰と下限割れ運賃に対応する検討が行われ、一定の措置が進められる一方で、需要創造に向けては、機動性や柔軟性を生かしたきめ細かなサービスを提供する産業への転換が期待されている。介護福祉・育児など地域密着での生活支援に関わるサービス開発、外国人観光客への対応など観光分野でのサービス開発、ＩＴを活用した配車による利便性向上と新たな需要の取り込みなどが挙げられている。

　しかし、これらのビジョンを実現し、事業を創造していく道筋は容易ではない。

　現実は厳しい経営環境の中で、まずは生き抜いていかなければならな

い。しかしそれだけではなく、ビジョンを掲げて今後の成長を図っていく必要もある。

　環境変化に適応していくために、経営者は次のような対応を迫られている。

変化への適応	（1）規模を拡大して生き残る（一部の中堅・大手など良好企業の選択肢） （2）規模を縮小して存続する（一時的に良くても将来は厳しい） （3）経営革新を図る（内を固めて外に拓く） （4）資本力を活かして業種分野を拡充する （5）事業譲渡あるいは合併する （6）転業または廃業する

　中堅・中小企業は物・金に制約がある。しかし、人と組織の創造性を発揮すれば、「安全から始まる経営革新」を起こしていくことができる。これこそ運送事業者が生き残り、経営革新を図り、発展していく道筋である。大手であっても人と組織の創造性が十分にできていないのが業界の現状である。むしろ中堅・中小企業だからこそ、素早く人と組織を変革していくことが可能なのである。それは事故防止から始まる安全マネジメントの展開であり、企業の持続的発展への道である。

図表１－２－１　企業規模と事業分野

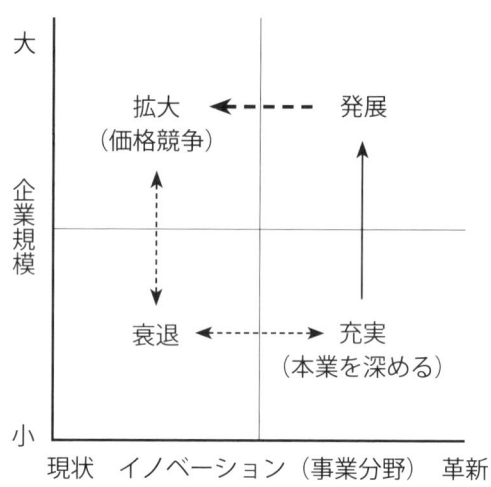

　現状の事業分野では、衰退を余儀なくされる。規模拡大だけでは価格競争に巻き込まれる。規模は小さくても、本業を深め、事業分野を革新していくことで経営は充実していける。その先に規模を拡大していくことで発展へとつながっていく。ただし、その場に安住することは再び価格競争を迫られることになるため、連続的な革新を図っていくことが必要となる。

（１）規模を拡大して生き残る
（一部の中堅・大手など良好企業の選択肢）

　基本的に減少していく輸送需要の中で、既存事業において他社からの業務の獲得、競争の中で生き残っていくだけの過去延長経営を行っていては、他社との価格競争は必至である。拡大しているようであっても現状維持することそのものが難しくなる。規模を拡大し、固定費の負担を

いかに少なくできるかがカギとなるが、限られたパイ（市場、事業分野）の中で、奪い合う経営になることは避けられない。

（2）規模を縮小して存続する
　　（一時的に良くても将来は厳しい）

　輸送需要の減少のままに、車両台数・人員など規模を縮小させていく。国内の輸送需要は無くなることはないが、徐々に縮小しながら既存事業を存続させる選択肢といえる。しかし、縮小経営の中で、従業員や家族の生活を守り、コンプライアンスを順守しながら社会的要請にも応え、顧客に期待される輸送サービスを継続的に提供できるかについては課題がある。

（3）経営革新を図る（内を固めて外に拓く）

　輸送需要の減少に対して人材の創造性を発揮していくために、安全を入り口に、ローコスト・顧客満足を生み出す人づくりを先行し、良い人材の育成・確保と新たな付加価値を創造していくことで、経営の革新を図っていく。厳しい経営環境の中、安全から始まる人づくりの安全マネジメントを身につけた事業者が、本業を深め、さらに新たな事業分野の拡充を図れるようになる。

（4）資本力を活かして業種分野を拡充する
　　（大手などが中心の選択肢）

　一部大手や多角化の一環として事業を行うようなグループ経営では、資本力によって、（1）のシェア拡大や周辺事業の拡充・新規事業を開発していく選択が可能となる。ニッチな分野では中堅・中小でも業種分野の拡充は可能であるが、規模を拡充して成長を図るには資本力勝負になっていく可能性が高い。

（5）事業譲渡あるいは合併する

優良な顧客、エリアなどを抱えている場合、事業譲渡や合併という選択肢もある。良い相手先と巡り合うことが重要となる。企業の文化や家業としての継続性は失われる可能性もある。

（6）転業または廃業する

規模が小さい生業のレベルでは生活の糧を得る先を変える（転業）も選択肢の1つである。債務の状況によっては廃業という選択肢もあるが、自宅などの個人財産を担保に入れ、また負債が大きく清算ができない財務状況である場合も少なくない。

環境変化に対して、内を固め、外に拓いていくこと（経営革新）を目指すには、①マネジメントシステム充実、②人と組織（ヒューマンウエア）の充実、③これらの展開方式である小集団活動とペアシステムにより、安全文化を醸成していくことが必要である。これが次に述べる事故防止から安全マネジメントへの転換であり、「安全から始まる経営革新」である。

第1章　なぜ今、安全マネジメントか？

3 事故防止から安全マネジメントへ

（1）事故による収益性への影響

　事故による収益性への影響は、事故費や保険料が増えるだけではない。事故を起こすと直接支出以外にも、事故処理にかかる人件費、休車による機会損失など、多くのコストがかかっている。これらは過去に起きた問題に対して発生する「後ろ向きの費用」＝ロス（損失）である。過去に対して費用や時間を使う「後ろ向きの経営」が日常であれば、生き残り、成長発展できないのも当然であろう。

（2）事故の原因・真因

　事故の原因は、ドライバーの確認不足、操作ミス、スキル不足などが指摘される。これを「なぜなぜ分析」していくと、最終的には安全意識の欠如といったドライバー個人の原因に行き着いているのを良く見かける。しかし事故は現場第一線での運転によるものだけではない。真因は、運行管理の仕方、採用・教育の仕方、コミュニケーションの取り方、生活管理の仕方、そしてこれらに対して経営者がどのような対応をしていくかにかかっている。つまり事故は経営そのものなのである。

　事故は人身事故・車両衝突・器物破損などに区分できる。これらの一般的な原因はスピード違反、わき見運転、一時停止違反、信号無視などであるが、むしろこれらは運転の状態といってもよいだろう。直接の原因と言えるのは、ドライバーの不注意による運転操作不良やうっかりミスなどの人的要因、車両の欠陥、道路や気象条件などの環境要因である。

図表1－3－1　事故が起こる背景（人材・組織）

経営者	短期売上・利益中心 目先に追われ、現場にうとい
稼動が上がればよい／少々のことは目をつぶる	

管理者	現場任せ、チェックが不十分 「言ってます」「やらせてます」で無責任
自分のことで手一杯／指導も通り一辺の内容	

配車係・他のドライバー	不信・不満がたまっている職場 表面だけのルール、守れない
無関心／コミュニケーションも不足	

ドライバー（当事者）	事故発生
自分勝手な運転・考え方／生活管理の乱れ	

　しかし、その根本原因（真因）はドライバーの職務能力とその人の人間性にあると見る。さらにその裏側にはドライバーを管理する質や組織の質など経営の質に根本原因がある。

　つまり、事故の真因とは管理や組織など経営の質にある。管理の質とは運行管理や車両管理などであり、それを担当する管理者の責任を果たす能力が実体である。組織の質とは社内の意思疎通や社員の貢献意欲などである。

　これらが事故原因をみていくときの死角となりがちな部分である。

図表1-3-2　事故の原因・真因

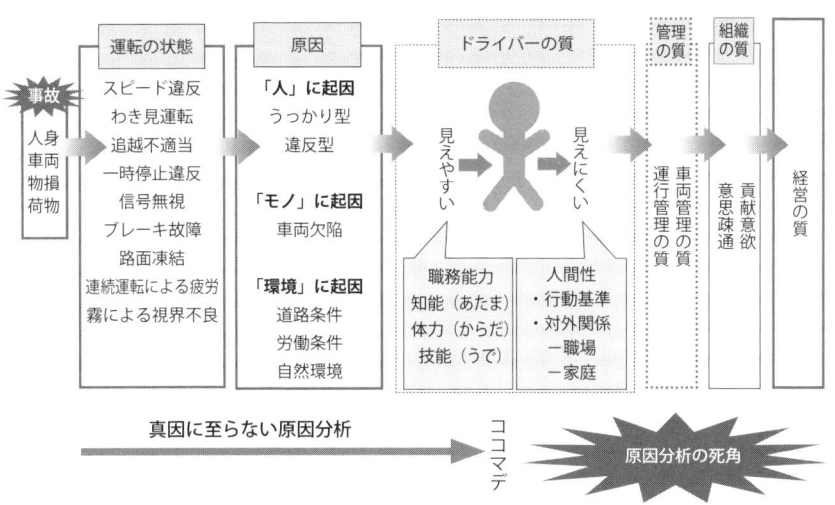

(3) 生活するごとく運転する
（経営は人であり人づくりが土台）

　事故惹起者のヒアリングを通じて、生活のしかた、さらには生育歴が運転の基本であることが分かってきている。本人の安全意識というだけではなく、生活を変え、行動を変えて、運転を変えていく必要がある。
　ドライバーが不足し、人材も得がたい自動車運送業だからこそ、人づくりが経営の土台となる。

　ドライバーを育成すると一口に言っても、そもそも何が問題であるのか分からなければ育成もできない。そこで、ある運送事業者では、安全や社内のルールを守ることに優秀なドライバーと問題のあるドライバーを選び、面接を行った。ドライバーの適性や特徴をみるには、自動車事故対策機構などの運転者適性診断がある。同社でもそれを実施し、指導に活用しているが、さらに踏み込んで、問題を起こすドライバー、特に

事故多発者の人間像を明らかにするために独自の切り口でアプローチを行った。そこから浮かび上がった事故多発者の特性は次のとおりである。

●事故多発者の特性

> ①運転不注意（自信喪失型）の事故多発者は、性格的要素が楽天的、あるいは自信喪失、またはイライラしやすい傾向がある。そして、その背景には、目標がなく生活態度の乱れや、自己の長所・短所に無理解であることからきている場合が多い。さらにそれらが形成されてきた生育歴をみると、幼児期に親がいなかったり、あるいは躾の欠如、さらには本人が、命のもとである両親に無関心であることや自己の本質を知らない点にある。
> ②運転不良・違反（自信過剰型）の事故多発者は、性格的には自己中心的判断、過信、他罰意識の強い場合が多い。そして、その背景には攻撃的態度や協調性欠如がみられる。さらにそのような行動の形成過程をみると、やはり子供のときに親の愛情が十分に受けられなかったり、あるいは無関心・反発・不信感からくる愛情飢餓、自分のみが正しいという、うぬぼれ心、あるいは独立心が強く、帰属意識が欠如していることなどがある。

このように事故を引き起こす不注意の背後には"心の働きの歪み"がある。このような心の働きは、胎児、乳幼児期から成人にいたる過程でその基本が形成される。遺伝、環境、教育の要因が順調に働けば問題ない。しかし、正常な発達が阻害される場合、その人の発達心理に決定的影響を与える。事故防止の鍵は、運転に携わる人の腕（技能）だけではなく、それを支える"心の働きの歪み"に真正面から取り組むことが必要になる。

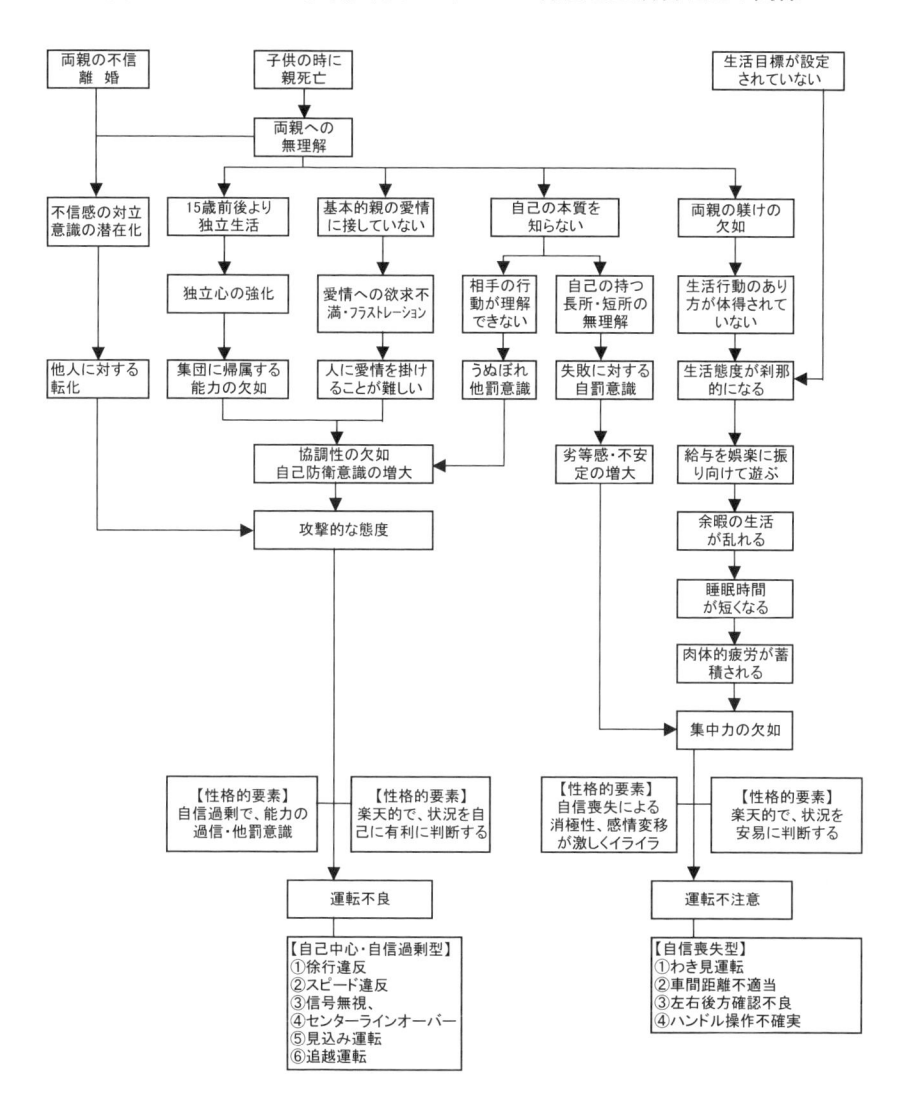

第1章 なぜ今、安全マネジメントか？

図表1-3-3 事故多発ドライバーの特性と生活管理との関係

上段(原因・背景):
- 両親の不信・離婚
- 子供の時に親死亡
- 生活目標が設定されていない

→ 両親への無理解

中段(派生要因):
- 不信感の対立意識の潜在化
- 15歳前後より独立生活 → 独立心の強化 → 集団に帰属する能力の欠如
- 基本的親の愛情に接していない → 愛情への欲求不満・フラストレーション → 人に愛情を掛けることが難しい
- 自己の本質を知らない → 相手の行動が理解できない → うぬぼれ他罰意識
- 自己の持つ長所・短所の無理解 → 失敗に対する自罰意識 → 劣等感・不安定の増大
- 両親の躾けの欠如 → 生活行動のあり方が体得されていない → 生活態度が刹那的になる → 給与を娯楽に振り向けて遊ぶ → 余暇の生活が乱れる → 睡眠時間が短くなる → 肉体的疲労が蓄積される

- 他人に対する転化
- 協調性の欠如・自己防衛意識の増大
- 攻撃的な態度
- 集中力の欠如

下段(性格的要素・運転不良/不注意):

【性格的要素】自信過剰で、能力の過信・他罰意識
【性格的要素】楽天的で、状況を自己に有利に判断する
→ 運転不良
【自己中心・自信過剰型】
① 徐行違反
② スピード違反
③ 信号無視
④ センターラインオーバー
⑤ 見込み運転
⑥ 追越運転

【性格的要素】自信喪失による消極性、感情変移が激しくイライラ
【性格的要素】楽天的で、状況を安易に判断する
→ 運転不注意
【自信喪失型】
① わき見運転
② 車間距離不適当
③ 左右後方確認不良
④ ハンドル操作不確実

自動車運送業では、「生活するごとく運転する」と言われるように、生活条件と職場条件は、密接で不可分の関係にある。したがって、安全運転のルールを並べて、それを守らせようとする前に、良い家庭づくりをし、生活条件を整えることが先である。
　人間の生い立ちは治すことは出来ない。しかし自分自身の無意識の癖を自覚すること、つまりドライバー一人一人が自分の長所と短所を自覚し、生育歴などからくる"心の働きの歪み"に気づき、それを正すとともに、親子・夫婦の良い家庭人間関係をつくり、真に健康な生活を営むように導くことが育成の根本であり、事故防止の根本なのである。

（4）事故は経営活動の結果

　これらの根本原因まで掘り下げ、改善に取り組まなければ事故は削減できない。一方で、事故やクレームを徹底して防止することは、ドライバーの自身への教育や責任・処分だけでなく、経営機能や個別の業務プロセスを機能させることにもかかっている。例えば、事故の発生には、運転のしかただけでなく、運行計画の設定、その前提となる顧客の要求への対応、労働条件、車両の点検・整備、日々の配車、点呼における指示と確認、運行日報による現場状況の報告と指導、運賃収入や燃費など計数管理（利益創出のための）、翌日の運行計画等への反映、採用から始まる定期的な技能・知識教育、職場コミュニケーションや給与体系などに基づく定着率の向上、ルールの徹底度合いなど、あらゆる業務が関係している。これら全体を考慮して施策を実行しなければ、事故は減らない。そしてその意思決定を行うのは、経営者自身である。経営者自身がどこまで事故の問題に対応しようとするか、その本心が問われることになる。
　これらの経営機能や個々の業務プロセスをいかに改善し、事故やクレームを削減できるのか。その意味で、事故は管理者そして経営者の管理能力・経営能力の反映といえるのである。

（5）安全マネジメントの体系
　　－事故防止から安全マネジメントへの転換

　では、いかにして事故を防止するのか。安全の問題を「現場で起きている」と考え、いつまでも現場の事故防止、現場任せの事故防止では事故はなくならない。運行管理とドライバーの範囲で捉えることから脱する必要がある。「事故は本社・事務所で起きている」、経営者の価値観（本音）の結果、各階層・各業務の連鎖で事故が起きていると捉え、現場の事故防止ではなく「経営」として体系的に取り組むことがスタートである。

　経営者一人では経営できない。管理者を育成し、各部署・職種、各階層において、経営者の理念や目標を実現するしくみ（マネジメントシステム）を構築し、運用していくことが必要である。さらに、仕組みがあっても、その受け皿となる職場（現場）が、言うことが伝わらず、前向きに取り組めないような「酸性土壌」では成果は上がらない。経営者や管理者と一緒になって取り組んでくれるリーダー役のドライバーがいて初めて、末端のメンバーにも少しずつ活動が広がり、意思が伝わるようになる。

　すなわち、単なる事故防止活動ではなく、経営の仕組みと土壌づくりをトータルに考慮した「安全マネジメント」への転換が必要なのである。

COLUMN

「事故」に含まれるもの

　「安全」とは、受け入れ不可能なリスクがないことである。自動車運送業は公道を利用して事業を行っているため、交通事故の無い状態、交通事故が起こるリスクを極限まで減らしている状態はクリアーしなければならない。

　事故には、車両でいえば交通事故・構内事故、貨物や乗客についての事故がある。事故報告や保険適用の有無や金額の大小ではなく、軽微な接触事故も含めて、全ての事故が対象となる。これらのほか、貨物の誤配送・延着、早発・遅延・経路間違い、車両の路上故障、行き先間違いなどのクレームによるトラブル、労働災害、管理・事務の不備やミス、労働条件やコンプライアンス違反など、広い意味での安全（安心）を阻害する要因と言える。

4 安全マネジメントの内容

（1）経営者の理念（価値）が安全に与える影響

　経営者の役割は、どのような経営をしていくか、輸送サービスの内容、顧客にどのように貢献し満足を得ていくか、人の処遇・生かし方や育成、利益や資金の使い方などである。経営の目的や事業構想は経営者自身の価値観や創造性に左右され、このような理念（価値）に安全も影響を受けている。

　事故が起こることを自身の経営の結果と受け止めることが、安全マネジメントのスタートである。

（2）管理者育成とマネジメントシステム

　経営者の目標の実現に向けて、計画し、実行し、統制していくのが、マネジメントシステムである。これらは管理者層によって、営業、車両管理、運行管理、人事労務などの経営の機能として分担されていく。経営者や現場などから寄せられる周囲の期待に気づき、やり抜く力が責任能力（レスポンシビリティ）であり、これを養うことが管理者育成のポイントになる。

　事故は、営業、車両管理、運行管理、人事労務などが相互に関連し、最終的に現場で運行業務中に起きるものである。これらを担う管理者が、「事務所でも事故が起きている」と捉え、自らの業務改善を通じて事故削減に貢献することが必要である。

（3）創造的な職場づくりと業務システム

　ルールが守られ、一人一人の安全意識が高いなどの特徴がある創造的

な集団性格のカギを握っているのが、5人に一人（組織に20％）のリーダー育成である。5人に一人のリーダーとは、「問題があれば進んで取り組み、周囲を導いてゆく力のある人」であり、自ら安全な運転や作業を繰り返し実践し、周囲にも好影響を与えられるような人材である。

「安全文化」を生み出すには、創造的な集団性格を形づくる必要がある。これにより、現場の業務システムが有効に機能する。ドラレコやデジタコなどのIT機器を活かすことにおいても同様である。個人の安全意識だけでなく、集団の安全意識を高めることで、新人や若手の安全意識が自然に育まれる集団性格、安全文化を生み出していけるのである。

（4）優秀ドライバーの確保・育成

5人に一人のリーダー（優秀ドライバー）が核となり、メンバーを導いていく。メンバーが優秀ドライバーへと成長していく道筋を、採用・教育〜管理〜評価〜成果配分まで一貫したしくみを構築する。

（5）カギを握る小集団活動とペアシステム

管理者育成、リーダー育成（優秀ドライバー育成）のカギを握るのが、小集団活動とペアシステムである。マネジメントシステムのPDCAがしっかりと機能するためには、リーダーが中心となって小集団活動を行うことが必要となる。それを人と人とのつながり（マンツーマン）で支援していくのがペアシステムである。

5

安全から始まる経営革新
～安全は家庭、職場、社会の連携が不可欠

（1）運送業経営の特性

　自動車運送業を取り巻く環境は厳しい。国内の輸送需要は低迷し、付加価値生産性も低下している。安全第一ではあるが、利益第一となりがちである。しかし、安全性と経済性、さらに環境保全にも相反しない経営により、持続発展する自動車運送事業者がいる。それが本書で述べる安全マネジメントを実践する事業者である。

（2）安全マネジメントを通じた人と組織づくりからの出発

　「ドライバーが車に乗って外に出る」、「だから管理が難しい」「事故が防げない」のではなく、安全を入り口に、ドライバー一人ひとりの生活管理、人間性教育にまで取り組む必要性がある。そのためには、家庭と職場、表裏一体の取り組みが欠かせない。だからこそ、人と組織の革新に根本から取り組めるのである。

（3）安全を通しての経営革新と企業の発展

　安全の問題は運送業の基本である。しかしそれだけではなく、事故低減を通じて、"マネジメントシステムの充実"、"人と組織（ヒューマンウエア）の充実"、"これらの展開方式である小集団活動とペアシステム"により、安全文化を醸成し、経営革新へと展開していく。
　安全を通して経営者自身の経営のあり方を振り返り、正すべきものを正した上で、管理者とのコミュニケーションや従業員の働き方・生活の仕方を、根気良く改善していく必要がある。これらを通じて個人個人の

可能性を引き出し、組織の創造性を作り出していくことが、経営者の役割である。また自動車運送業としての社会的な役割、その基本となる安全を通して顧客や地域社会との接点や信用を高め、新たな事業分野を見出していく可能性も拓けてくる。

　このことは、何のための経営するのか、どのような経営を構想していくのかであり、働くスタッフやドライバーの物心両面に希望を与えていくことになる。この中で経営革新の構想が生まれ、実現してくる。

　経営革新は、経営者のイノベーティブなアイデアや行動だけでは実現しない。マネジメントシステムとヒューマンウエアが、顧客や利害関係者の期待に応え続け、満足度を向上させるレベルに高まっていることが重要となる。経営の基盤となるマネジメントシステムとヒューマンウエアが向上しているからこそ、事業構想や事業開発が具体化されていくのである。

　安全を入り口に、働く従業員、ドライバーの生活や働きがいに秩序と統制そして希望をもたらし、持続的に発展する経営を目指していく。

第2章

安全マネジメントの体系と展開

　一般的な安全管理のしくみでは、経営者が方針や目標を設定し、組織や人の責任・権限を明確化する。その役割に基づいて、安全管理者をはじめ管理者層が、目標を達成するための具体策と行動計画を策定し、実行していく。必要なコミュニケーションを図り、行動内容や実績チェックを行い、次のアクションプランに結びつけていくという流れになる。

　この流れが機能する事業者とそうでないところの違いは、職場で大切にする価値観や行動のしかたが、現場第一線まで浸透しているか否かで見ることができる。仕事をするだけでなく、自分の成長と仲間との相互啓発、さらには後輩を育てることなどが一体となっている。仕事の環境、顧客の要求は刻々と変化するが、これに積極的に対応できる。このような職場の文化が醸成されている。

　システムや人のはたらきは、その職場の"文化"によって発揮される。安全のしくみ（ルールやシステム）はあっても"機能しているか"、役割を決め、人がいても（管理者、ドライバーなど）その能力が"発揮されているか"に大きな影響を与えるのは文化である。しくみを機能させ、人の力を生かすような、生き生きと生命が通った"育む"職場であることが、成長する事業者に共通する特徴である。

　このような文化を醸成する安全マネジメントの体系と展開を見ていく。

11
安全を通じて成長する事業者の特徴

（1）経営者が「安全」を経営目的に織り込んでいる

　経営者が「安全」を経営目的に位置づけていることが「安全から始まるマネジメント」の大前提である。建前ではなく、経営者の本音として、安全を経営目的に織り込むことがポイントである。

　安全の重要性は前章で述べた通りで、利益と安全を両立させることの難しさも周知のとおりである。

　しかし、そのような中でも経営者は、安全を通じた経営の質の向上が、長期的に利益をもたらすと位置づけ、相矛盾すると考えられがちな、「経済性（利益）」と「社会性（安全）」を両立させる理想を必死に考える必要がある。

　目先の利益確保も厳しい今だからこそ、将来のための人と組織づくりに取り組む必要がある。安全も利益も実現し、自社が持続的に発展するための取り組み方を考えることが必要なのである。

「本音で安全を経営目的に織り込む」

　T社では、経営理念として、3つの責任を掲げている。①社会に対する責任(安全な運転)、②顧客に対する責任(安全な輸送)、③従業員とその家族への責任(安全な職場)である。「運送業は危険である」と家族が心配するような事業者では、事業は永続しないとの考えから、家族が安心して送り出していただける会社をつく

ることが前社長の創業時からの願いであった。そのため「安全」や社会貢献が優先という考えで取り組んできた。

その強い思いが30年以上QCサークル活動を継続させていることにつながり、他社に容易には真似できない組織風土を形成した。QC活動の導入時、及び中途では、業務負担や効果といった点で多くの反対があったが、前社長はそのような声は頑として受け付けず、「半強制」で継続してきた。業界に先駆けたドライブレコーダーの全車導入も設備投資額が多額になるため、社内では懸念の声も出たが、投資に踏み切った。

安全を通じ社会貢献する企業として、責任を果たすための取り組みは徹底している。プライベートでも安全運転が出来なければ、業務中の安全はないとの考えから、ドライバーには年2回、その他の全員は年1回、運転記録証明書を取得させている。

また、従業員とその家族や地域とのコミュニケーションを大切にするための取り組みも多い。年2回の「QC通信」は全家庭に送り、会社の取り組みを報告している。家族も参加できるレクリエーション活動等も行われている。

財務上、自己資本比率が高いことも、中堅企業としてお客様をはじめ、社員とその家族のために、不測の事態に備えるとの考えからのものであり、納税についても社会貢献と考え、積極的に取り組んできた。

先代社長は多くの意味で「家長」として、会社の「親父」の役割を果たしてきており、トップダウンではあったが、ドライバーや社員から好かれ、信頼され、堅実、公平であった。この強い思いが中堅企業としての礎となっている。

資料：国土交通政策研究所 中堅・中小運輸事業者ケーススタディ集に加筆・修正

（2）信頼にもとづくコミュニケーションが浸透している

　「信頼」に基づく「コミュニケーション」は、安全実現の前提といえる。しかし、どの経営者もどうやったら、こうした組織をつくることができるかに悩んでいる。

　「信頼」にもとづく「コミュニケーション」が浸透している組織では、
① ドライバーが育つ。信頼もコミュニケーションもない組織では、そもそも指導することが難しい（聞いてもらえない）。
② ドライバーも、管理者も事故を隠さない。事故撲滅の基本は、全ての事故を表に出し、全て経営につながっているという姿勢からである。信頼に欠ける組織では、事故が表にもならず、活かすことができない。
③ 報告・連絡・相談が自然と行われ、良い報告も悪い報告もタイムリーに実施される。起きた問題に対し、迅速に責任を持った対応ができる。起きてしまったクレームへの対処の仕方から、逆に顧客や利用者の信頼を勝ち得ることも可能である。スムーズな報告・連絡・相談は、目に見えない競争力の一つといえる。
④ 営業所長、運行管理者、現場リーダー間に協力関係がある。

　現場第一線のドライバーや従業員は、周囲の人を通じて組織への信頼を高めていく。すなわち、「改善は上から」という原則があるように、経営者、管理者の言葉と行動が一致していなければ、組織への信頼は生まれない。

　この信頼があってこそ、経営の理念は、現場末端の行動様式にまでなり、徹底されていく。その意味で、ここでいうコミュニケーションとは、単なるコミュニケーションではない。単に休憩所で会話がされる、日々話しかけているというレベルではない。言行一致を基本として、自分も相手へも規律がある中でのコミュニケーションである。

「現場の信頼を獲得できる管理者の育て方」

　バブル後の景気後退期に経営危機を経験したA社は人件費削減等、生き残りのための手をうってきた。この時に、「運送事業者としてやりなおす」ことを、当時の監督者が乗務員に「自分たちで会社を再建し、やり直そう」と働きかけた。この結果、社員全員での企業再建が行われた歴史がある。当時の「皆で一緒に改善に取り組む意識」が、現在に引き継がれている。

　社内で運営されている「業務改善委員会」は乗務員が自分たちで輸送の安全を確保しようというという思いから始まった。今では、会社から何かお願いすることはなく、自主的に定めたテーマで改善活動が運営されている。業務ごとの注意事項を整理した「CSカード」はファイル約700冊におよんでおり、単にあるだけでなく乗務員の手により、日々更新されており、業務やその品質維持に活かされている。

　このような風土を作ったカギは、管理者教育の重視である。当初は外部研修を活用していたが、今では自前でおこなっている。具体的には、研修にあたっては指導する側の部長、課長を中心に研修内容を学び直し、そのうえで指導する。自前の「監督者ハンドブック」に基づき、管理者としての心構え、やるべきこと、部下をリードするための知識、コミュニケーションのノウハウ、会社が期待すること等を、時間をかけて教え込む。経営再建を支えたのも監督者であった歴史があり、そのような監督者を育てるという考えでマニュアルもオリジナルなものを手造りし、継続して改善している。管理者、監督者は「選ばれた者である」という意識付けを何よりも大切にし、やる気を鼓舞する教育制度を充実さ

せている。
　様々な制度の導入には、大きな抵抗があったが、制度の定着と浸透のカギは、監督者によるコミュニケーションであった。また、会社としての支援は、お金ではなく、ほめたり、機会あるごとに話題にしてとりあげるなど、会社の「高い関心を示す」ことを徹底することだった。客先にほめられることが増え、更なるやる気を引き出し、よい循環が回るようになっている。
資料：国土交通政策研究所 中堅・中小運輸事業者ケーススタディ集に
　　　加筆・修正

（3）行動の基本、業務の基本が身についている

　基本が身についているとは、行動の基本、業務の基本を無意識に実行していることである。意識すればできる、監視があればやるというレベルを超える必要がある。自己流ではなく、自社の考える基本がドライバーに徹底され、守るドライバーも、基本であるルールや手順の大切さを知ってやりきる文化が根付いていることが重要である。

　小規模の企業であれば、社長がドライバーに実行させる。中堅～大規模では、管理者やリーダーがその役割を果たしていく。基本をしっかりすることで、良い仕事の仕方、悪い仕事の仕方の区別ができるため、問題点の発見もできるようになる。

「採用・初期教育こそ安全実現のカナメ」

　M社では、ドライバーコンテストで複数の者が上位に入賞するなど、顧客から高い満足度を得ている。厳しい安全・品質管理に取り組んできた同社が、サービスの水準を維持向上するための取り組みの基礎は徹底した初期教育にある。ドライバー一人ひとりがM社の安全運転の基礎（技術・知識・意識）を修得しているからこそ、班活動やその他の事故防止の仕組みが生き、新人が入って来ても、「先輩を見習う」ことができ、無意識のうちに安全運転を心がける好循環につながっている。

　採用及び入社後の業務に就く前の初期教育では、『乗務員教育マニュアル』（A4判50ページ）を使用し、3ヶ月間かけて職長が指導を行う。採用時には応募者のプライベートの車の扱い方なども細かく観察する。面接では職務経験以上に、性格や考え方などが自社になじむかを評価することを徹底している。

　「運行品質」「5つの責任」の具体的内容を「考えさせる」教育を行う。運転実技訓練では、『乗務員教育マニュアル』に基づき、正しい方法を修得させる。これらを総括するのが、初期教育終了後の、見極めである。多くの会社が人員不足等の問題で、一通りの業務を覚えさせた段階で乗務させてしまうが、M社では、「運転操作」「呼称運転」「基本作業重点実施項目」の観点で評価し、プロとして一人立ちできるかの見極めを徹底的に行う。合格点に満たない場合は合格するまで再教育を実施し、再教育の場合、入社から6ヶ月かかることもある。この徹底ぶりもM社の品質の土台となっている。

　初期教育と体系的な事故防止のシステムの中で、ドライバーは、

> ルールを守れと言われるから守るのではなく、自分から進んで守る、自分が納得して守る姿勢が浸透している。運行に関して多くのルールがあるが、これは、安全に、かつ事故を防ぐために必要であり、ルールが自分を守ってくれる、という考え方が浸透している。

（4）現場情報が重視されている

　現場のリアルタイムの情報に重きを置き、現場の最新の状況を常に把握している。そして、毎日の朝礼や点呼、ミーティングを活用した相互の意思疎通と教育訓練を図っている。日々の情報とフィードバックの繰り返しが、メンバーに目標を持たせ、働きがいを生みだす職場づくりにつながる。

　この、現場情報を活用した職場改善の成否は、小集団のリーダーにかかっているため、リーダーの人材育成を優先させている。小規模な企業では組織を通じた意思疎通でなくとも、経営者の方針を直接伝え、従業員の意見や希望を聞き、良き相談相手になるための努力がされている。

「現場との意思疎通を高める工夫」

　N社では、「人に学ぶ」「人を育てる」「人の為になる」を経営理念としており、オープン経営として、人と人のコミュニケーションが活発な経営を志している。

　「見える化」への取り組みの第一は、財務情報まで、従業員にオープンにすることであり、事業計画を策定し、方針、具体策を示すこと、安全や環境、コンプライアンスに対する目標も数字で具体的に示し、掲示の仕方も工夫している。

　目標だけでなく、「なぜ必要か」を社長自身が乗務員にまで都度あるごとに懇切丁寧に説明している。社長が伝えるだけでは不足するため、仕組みとしても管理者、乗務員がメンバーの委員会を組織し、テーマを与えて、ディスカッションをさせることにしている。

　また、ドライバーの声、何を考えているかということまでが幹部から経営者にあがってきていないと感じ、会議体制を全面的に見直した。グループ会議（乗務員とリーダー）→リーダー会議（リーダーと管理者）→部門会議→部門長会議→役員会議という一連の流れをつくり、下の会議からの情報、上から下への情報伝達、またそれらの互いのフィードバックなどがきちんと記録されるよう、議事録フォームを工夫している。ボトムアップによる依頼や提案に対し、必ずフィードバックをすることを徹底し、情報の流れを整理した。

　また、これらの会議制度も重要であるが、何よりも重視していることは、乗務員との日々の会話の中の意見を取り上げ、乗務員の考え(声)を吸い上げることである。

資料：国土交通政策研究所 中堅・中小運輸事業者ケーススタディ集に加筆・修正

（5）失敗から学び、常に向上する意欲に満ちている

　「事故」や「クレーム」といった「失敗」にこだわり、徹底的な原因分析が行われ、教訓を引き出している。ヒヤリハットや危険挙動など、事故にいたらなくても潜在的な危険を示唆する事例も同様に重視する。そのため、どれほど些細な異常発生であっても、必ず報告することが指導されている。

　その場が、小集団活動等であり、活動を通じて学び、実践し、検証し、改善するというサイクルが繰り返されている。結果として現場からの声が生かされ、業務の仕組みが常に改善されている。

　小集団活動等は、相互啓発の場となっており、各人の長所が引き出され、働きがいすら生まれる。このことがメンバーの帰属意識や貢献意欲につながっている。

「事故を活かしきる分析と指導のあり方」

　S社では事故が起きた場合の分析を徹底している。事故が発生した場合は、現場の写真を被害者側、加害者側など事故関係ドライバーからの視点及び歩行者からの視点等、周辺環境を含めあらゆる角度から撮影し、複合的に分析に役立てる。単に「不注意が原因」と終わらせず、読み手の関心を引き、自分の経験と照らし合わせて、「はっ」とするような、心理的な次元に至るまで丁寧に記載する。

　事故の検証は、まずドライブレコーダー装着車で実証する（第一次検証）。それでも事故内容の検証が不十分と判断された場合は、実際の現場で検証する（第二次検証）。

　運行管理者及びドライバーに対しては、「なぜなぜ方式」で詳細を聞き、事故の真の原因を把握するとともに事故報告書に記載す

る。事故の最低3日前からの起きてから寝るまでの間の活動を、徹底的に巧みに根掘り葉掘り聴き出す。それは、家族環境や私生活の状況に問題点があると業務の遂行に支障をきたすことになるとの考えからである（例えば、テレビ番組の内容、ゲームをやるのか、何時間やるのか、パソコンの使用頻度、風邪薬や花粉症対策の薬の種類、飲酒量や習慣、その他生活習慣、家庭環境、負債等々を確認していく）。

　ドライバーに対し、同社で定めている「10の安全運転規則」の内容や定められた背景を覚えているか説明させる。ドライバーが答えられないようであれば、運行管理者に対し「指導していてもドライバーが答えられなくては意味がない」ことをあらためて指導している。指導・教育に以前よりも時間をかけるようになったのは、繰り返し何度も指導しないと身に付かないということに気づかされたためである。

　事故の最終報告書は、事故時の様子を色つきのイラスト（自社の車両を青色、相手車両をオレンジ色などで表記）を入れた資料を作成する、状況図の上は必ず北とするなど、全てのイラストや書き込みには共通したルールを定めている。だれもが理解できるように工夫している。起きてしまった事故は、徹底して活かす姿勢がルールにまで現れている。

資料：国土交通政策研究所　中堅・中小運輸事業者ケーススタディ集に加筆・修正

2
安全を実現する要素（人、システム、文化）

　安全を通じて成長する事業者では、経営者の経営理念が、人の育成や組織のあり方、経営のしくみ（マネジメントシステム）や業務のしくみに具体化されている。経営のしかたが、人でもシステムでも、経営理念により貫かれているのである。

　それは、一人ひとりのものの考え方（価値観）や行動のしかた（行動様式）として現れ、組織に根づいている「文化」（安全文化）となっている。理念や方針を掲げただけでは、この「文化」は形づくられない。経営者自身の日々の生活や職場でのふるまい、業務上のルールへの意思やそれを守らせる決意と行動、経営判断の積み重ねが文化になる。

図表　２－２－１　経営理念と人・文化・システム

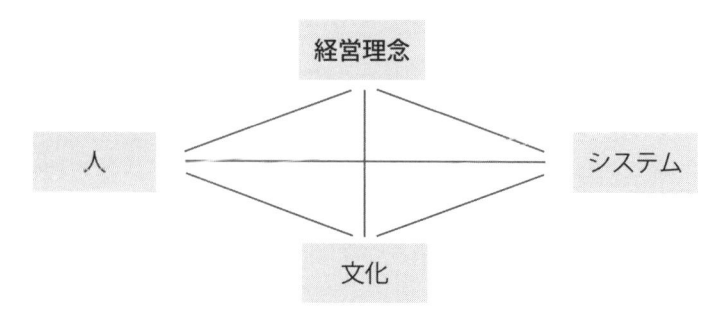

```
          経営理念
         ／  ｜  ＼
        ／   ｜   ＼
     人 ─── ┼─── システム
        ＼   ｜   ／
         ＼  ｜  ／
          文化
```

（1）人の要素
　「人」の中心は、経営者、管理者層、リーダー層の各層に求められるリーダーシップである。ここで言うリーダーシップは、周囲の期待に応えて

やり抜く力である。このリーダーシップと「文化」は裏表の関係にある。リーダーシップを通じて周囲とコミュニケーションが行われ、指導・監督がなされ、これらを通じ職場やチームの環境が作り出される。様々な取り組みや関係性の中で行われる「人」の行動が、文化をつくっていく。

(2) システムの要素

システムは、仕事の仕方、役割、基準等からなり、職場メンバーの態度や姿勢、価値の基準になる。しかし、システムそのものが、職場メンバーの態度や姿勢を直接確立するわけではない。態度や姿勢に対してより大きな影響力を与えるのは、文書にされたルールや方針ではなく、文化である。組織を効率よく動かすためには、方針や手順や標準が必要であるが、とっさにすばやい判断と行動が求められるときは、基準や手順ではなく、文化こそが、どのように行動するかを決定する力になる。

(3) 文化の必要性

文化は長い時間をかけてメンバーへ埋め込まれるため、メンバーはそれが自分達の姿勢に影響していることすら気づかないかもしれない。文化とは「メンバーの共有している価値観や行動様式」である。企業の経営目的（経営理念）や、成長発展の歴史から生まれたその企業の伝統、慣習や制度などから形作られる。このような職場の文化は、経営者の価値観のうち、従業員をどのように見ているかという「従業員観」によって左右される。

似たような概念である「風土」は、メンバーが組織に対して持つ「感じ方」をいう。文化との大きな違いは、「風土」はすぐに変化することである。例えば営業所長が変われば、職場の風土は所長の価値観、スキルや行動により大きく変化する。

3 安全マネジメントの体系

　安全マネジメントと聞くと、経営者が方針や目標を設定し、組織や人の責任・権限を明確化することや、その役割に基づいて、安全管理者をはじめ管理者層が、目標を達成するための具体策と行動計画を策定し、実行していくことや、必要なコミュニケーションを図り、行動内容や実績チェックを行い、次のアクションプランに結びつけていくという流れがイメージされる。これが一般的な安全管理のしくみである。

　以下で述べる安全マネジメントの体系は、先に述べた文化を中心に据えたものである。特に、経営理念、責任能力（レスポンシビリティ）、集団性格、人間性が、文化のカギを握っている。これを階層別にシステムと結びつけ、1）経営者の価値観と創造性、2）管理者層による経営機能の分担とマネジメントシステム、3）5人に一人のリーダーが生み出す創造的な職場と業務システム、4）仕事の基本（安全運転）の学習と実践として体系づけている。

第2章 安全マネジメントの体系と展開

図表2－3－1　安全マネジメントの体系

人	文化	システム
経営者 （価値観、創造性）	経営目的と 安全経営の事業構想	
管理者層 （経営機能の分担）	責任能力の開発 （レスポンシビリティ）	マネジメントシステム の編成と運用 （情報システム含む）
リーダー層 （5人に一人の リーダー育成）	創造的集団性格 の形成	業務システムの 編成と運用
現業層 （人格能力の向上）	安全運転と作業 （学習と実践）	

（縦帯：ペアシステムによる人づくり／小集団活動による質のう向上）

（1）安全マネジメントにおける階層と要素

　ここでいう安全マネジメント（安全から始まる経営革新）は、【人】、【文化（安全文化）】、【システム】の三要素からなるものと捉える。階層別の人づくりをどのように行い、組織をどのように活性化して安全文化を醸成し、経営者の目的や構想をいかに実現できる経営にするかに着眼している。

（2）5人に一人のリーダーが生み出す安全な運転や作業

　現業層において【安全な運転や作業】などを繰り返し実践していけるような「安全文化」を生み出すには、【創造的な集団性格】を形づくる必要がある。これにより、現場の【業務システム】が有効に機能する。

（3）管理者の責任能力（レスポンシビリティ）の発揮

　創造的な集団性格をつくるカギを握っているのが、【5人に一人（組織に20％）のリーダー育成】である。特に、リーダー層と現業層をまとめて、経営者の意思（目的・構想）を実現していくのが管理者層である。管理者層において重要なことは、経営者や現場などから寄せられる周囲の期待に気づき、やり抜く力であり、これが【責任能力（レスポンシビリティ）】である。

（4）マネジメントシステムと経営機能の充実

　目標の実現に向けて、計画し、実行し、統制するしくみが、【マネジメントシステム】である。これらは管理者層によって、営業、車両管理、運行管理、人事労務などの【経営の機能】として分担されていく。

　ドラレコやデジタコなどで収集される現場情報などを、現業職だけでなく管理者、経営者までが一気通貫で活用できるのも、マネジメントシステムのはたらきによる。

（5）経営者の理念と構想

　これらを統率していくのが経営者である。どのような経営をしていくか、輸送サービスの内容、顧客にどのように貢献し満足を得ていくか、人の処遇・生かし方や育成、利益や資金の使い方などの【経営の目的や事業構想】は、【経営者自身の価値観や創造性】に左右される。

この体系をもとに経営の質を高めていくアプローチには、ヒューマンアプローチとシステム（プロセス）アプローチがある。5人一人のリーダーを育てることで、経営者の意思（安全方針、安全意識）が職場に浸透する。集団性格が向上し、職場に神経が通うようになる。管理者の責任能力が高まることで、部門管理、方針管理が充実する。このように、ヒューマンアプローチにより人と組織を充実させていくことが先行し、一定レベルを超えると、システム（プロセス）が充実し、新たな展開が生まれてくるのである。

本書で述べる「安全マネジメント」では、安全を入り口に経営の基盤を固める段階を経て、安全を超えて未来を拓く段階へと展開していくことを目指していく。

4 | 安全マネジメントの展開

　安全マネジメント（安全から始まる経営革新）は、事故が悪循環を生むマネジメント不在の状況を脱し、生き残りラインである安全を入り口として経営基盤を固める段階を経て、安全を超えて未来を拓く持続発展経営へと展開していく。
　【人と安全文化の充実】【マネジメントシステムの充実】により、組織性格（3章で詳述。個人にも性格の違いがあるように、組織集団にも性格がある）と顧客信用が高まり、事業構想は広がっていく。

図表2－4－1　安全マネジメントの展開

（縦軸）人と安全文化の充実
（横軸）マネジメントシステムの充実

組織性格の向上
- 感化性企業
- 開拓性企業
- 自立性企業
- 自立準備性企業
- 自己中心性企業

【衰退】負の悪循環
- 目先の売上・利益中心
- 目先の仕事に追われる
- リーダー不在、規律不在
- 不平、不満、離職

【生き残る】安全から基盤を固める
- 安全が経営目的となる
- 現場とのコミュニケーション
- ルールや手順の整備と改善
- ルールを守る。自己管理

【持続発展する】安全を超え未来を拓く
- 顧客・地域社会との連携
- 経営機能の充実
- リーダーが次々と育つ
- 生きがいの持てる職場

顧客信用の蓄積

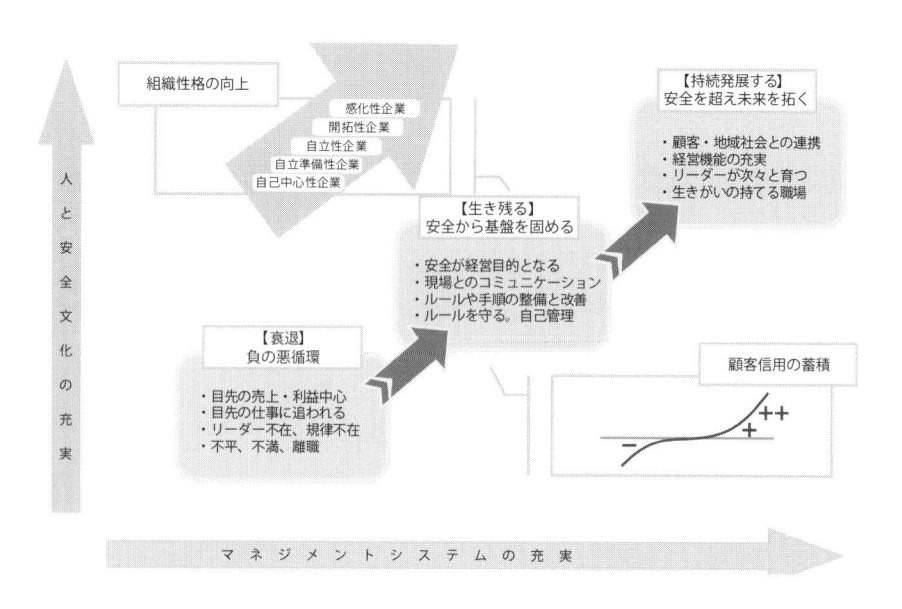

（1）衰退するマネジメントの特徴

> **衰退するマネジメント（マネジメント不在が負の悪循環を生んでいる）**
> 生き残るマネジメント（安全から基盤が固まっている）
> 持続発展するマネジメント（安全を超えて未来を拓く）

　目に見える特徴は、現場において仕事を回すことが経営の中心であり、「すべてがドライバー任せ」になっていることにある。

　基本的な行動は「実施することが当然」と思っているが、会社が徹底させる具体的な取り組みは明らかではないことが多い。事故やトラブルの発生もドライバー次第であり、責任・負担もドライバーに負わせている。事故の再発防止策は、『プロとしての自覚を高めること』の声掛けと『事故内容の周知徹底』と、抽象論にとどまる。

　ドライバーも不平不満が多く、定着率も低い。周囲への関心は薄く、帰属意識は低くなりがちなため、現場のリーダー役が不在である。

　管理者は自社のドライバーを他社と比較すると、それなりに良いが、問題のあるドライバーがいると評価しがちであり、起こった問題をドライバー個人の資質の問題と捉えてしまう。業務では事故の対応と後始末に追われ、本来行うべき指導や現場とのコミュニケーションが不足しがちである。現場からの報告・連絡・相談や、管理者自身の上司との情報共有が不足しがちであり、ドライバーの指導をする以前に、風通しを良くするような、土壌改良から必要なレベルである。

　このレベルの問題点の根源は経営者自身にあることが多い。目先の売上をあげることが興味の中心であり、事故防止に関しても、指示はするが、業務、運行が優先である。管理の実態は放任・無責任であり、現場の情報にも疎く、モノ、金の関係でつながっているレベルである。

（2）生き残るマネジメントの特徴

> 衰退するマネジメント（マネジメント不在が負の悪循環を生んでいる）
> **生き残るマネジメント（安全から基盤を固める）**
> 持続発展するマネジメント（安全を超えて未来を拓く）

　安全が経営目的に織り込まれており、安全へ取り組むことが、結果として、収益性の確保につながるという考えを経営者がトップダウンで具体化している。手法として班制度（小集団活動）が活かされ、事故防止に取り組んでいる。マネジメントシステムが構築され、仕事のルールや手順が明らかにされており、管理者層がこれを守らせる取り組みを行なっている。管理者自らが言行一致に取り組むことの重要性を理解しているため、現場でも基本的な行動の徹底やルールや手順を守ることが浸透されつつある。基本的な行動とコミュニケーションを重視し、実践しているため、職場に基本的な信頼関係が醸成され、規律ができている。このレベルは、職場の目標達成に向け、チームワークがまとまりつつあり、運転者も単に運転することだけが職務ではなく、組織の一員として「職場を良くする」という意識が高まっている。

（3）持続発展するマネジメントの特徴

> 衰退するマネジメント（マネジメント不在が負の悪循環を生んでいる）
> 生き残るマネジメント（安全から基盤を固める）
> **持続発展するマネジメント（安全を超えて未来を拓く）**

　安全への取り組み姿勢が顧客や地域で評判を呼び、企業ブランドにまでなっているレベルである。経営者自身も信用蓄積により選ばれた会社として、その使命感と実行力が高まっている。管理者層では経営者目線

を持った幹部が育っている。現場では経営管理の仕組みのもとで人材が次々と育成され、現場リーダーを中心として業務の継続的改善がボトムアップにより進んでいる。管理者、リーダー、現業層全体を通じて自社への帰属意識が高く、働きがいを持って業務に取り組んでいる。人材の充実により企業が関係する輪が広がることで、顧客や地域社会と連携した事業運営ができ、チャレンジとノウハウ蓄積が繰り返されることで、好循環が生まれてくるレベルである。

　次の表は、以上でみてきた安全マネジメントの特徴を整理したものである。チェック項目となっているので、簡単な課題摘出ができるようになっている。どこにあてはまるものが多いかチェックして頂きたい。

図表2-4-2　安全マネジメントの特徴（チェック項目）

	衰退するマネジメント	生き残るマネジメント	持続発展するマネジメント
経営者	□短期売上・利益中心 □安全よりも売上を優先して、利益がでると信じている □経営者が目先の仕事に追われている □現場の情報にうとい □事故が起こるのは仕方がないと考えている（無理な業務、運行を継続） □指示という名のもとの放任・無責任	□安全が経営目的となる（安全、環境、経済性が一体化している） □安全を徹底していくことが、コストにも、環境にも、顧客満足にも良いと、経営方針で一貫している（本音と建前でない）	□地域社会・業界への貢献（その実行力と使命が高まる） □信用蓄積により、選ばれる会社になる □顧客、地域社会と連携した事業運営やマネジメントが具体化する
管理者層	□事故・クレーム対応、目先の仕事に追われ、管理者の仕事がでていない ―現場からの情報がつかめていない ―コミュニケーションが取れていない、信頼関係がない ―現場からの依頼を、実行し忘れる □事故が起こるのは仕方がないと考えている（無理な業務、運行を継続） ―事故は起こした運転者の責任・負担 ―事故やトラブルの報告が遅れがち	□管理者の言行が一致し、信頼がある ―現場との信頼を何よりも大切にしている ―周りの協力を引き出し実現する □安全を通じて、ルールを守る風土を実現している ―業務システムに安全が組み込まれている（営業・運行・車両・労務・教育等） ―事故の再発防止策は、業務システム全般を対象としている	□事業運営できる経営者クラスの幹部が育っている □相互に連携した経営機能別の経営計画が運用されている ―経営機能が組織上分担されている（開発・営業・業務・人事・情報等） ―部門を超えて連携したプロジェクトや革新チームの取り組みがある □安全等の文化や行動が、顧客や地域で企業ブランドとなっている

管理者層	□管理者は一人よがりで、実行力が乏しい	□部門(営業所)で計画を立てて自律的に運営している　など	
リーダー層	□仕事のルール・手順が整備されていない □一匹狼が多く、リーダー役が不在 ―リーダーがいても、会社に不満を言う代表者 ―周りのことには無関心 □自己中心的で、対立がある職場風土 ―お互いの主張が強く、まとまりがない ―経営者の意思は現業層に伝わらない	□安全を入り口に、ルール・手順が整備され、運用されている □班活動などの小集団活動が定着し、経営者の意思が伝わる ―チームワークがまとまり職場の目標に向かって取り組むことができる ―挨拶、清掃、基本手順など、リーダー自ら現業職の模範 ―リーダーが現業職の面倒をみることができる □会社と現場をつなげる意識のリーダーがいる	□日々日常の業務改善が図られている（スピード化と習慣化） ―リーダーを中心に業務システムの問題解決ができるなど □小集団活動が、人を育む ―新たな業務や事業の現場を率いるリーダーが次々と育っている □経営者の意思どおりの集団行動ができる
現業層	□基本的な行動が徹底されていない ―ギリギリ出勤、服装の乱れ、挨拶ができない等 ―簡素化という名のもとに手抜きの蔓延（日常点検、安全のための手順・確認等）。 ―事故を隠す、反省が浅く、繰り返すなど	□仕事のルールや手順が守られる ―ドライバーや作業者が規則正しい生活、健康管理に取り組んでいる（自己管理） ―事故は軽微なものまで全て報告される ―事故や失敗を反省し、生かすことができる	□基本となる行動様式が根づき、帰属意識と貢献意欲が高い ―日々の運転や作業を振り返り、工夫を繰り返している □顧客の目線に立ち、業務内容、運転・作業の品質や満足を高める、提案ができる
	□職場への不満が多く、離職も多い □個人にも企業にも目標がなく、日々の仕事に追われている	□定着率が高まり、職場の和ができている □知識や技術を高め、日常の中で実践している	□将来の目標を持ち、生活している（キャリアプラン・ライフプラン等）

トラック、バス、タクシーそれぞれで違いはあるが、安全マネジメントの体系、特徴における組織規模と階層（役職等）のイメージは次のとおりである。グループ企業の一員である場合や、上場企業の関係会社である場合には、その経営や人事などの制度との関係で実態を見る必要もある。

図表２－４－３　規模と階層（役職等）のイメージ

	【小規模】	【中規模】	【中堅】	【全国・大手】
人員数 拠点数	～30名～ 1拠点	～150名～ 複数拠点	～500名～ 地場に展開	1000名～ 支店が複数
【経営者】	社長	社長	社長 取締役	社長 取締役 支店長
【管理者層】	社長が全体管理 運行管理者	部長 所長 運行管理者	部長・課長 所長	部長・課長 所長
【リーダー層】	班長 （ベテラン）	班長	運行管理者 班長・主任	運行管理者 職長(指導員) 班長・主任
【現業層】	ドライバー	ドライバー	ドライバー 事務職	ドライバー 事務職

小規模の事業者では、社長が実質的に管理者の業務を行い、ドライバーの声も聞いてリーダー役も兼務しており、配車や指示に協力的なベテランドライバー（班長クラス）が数名いるような組織が一般的である。

　中規模の事業者では、営業所が複数となり、人数も100名あるいはそれを超える規模にまでなっているところも想定される。総務・経理以外の部門はまだ明確でないことも多い。拠点の業務に責任を持てる所長と運行管理者や、ドライバーの中でも班長としてメンバーをまとめる人材が存在する。

　中堅規模の事業者では、地場の中では指折りの企業がイメージされる。経営者層として取締役が存在し、営業所以外に部門が組織され、それを預かる管理者として部長なども必要となる。リーダー層はドライバーの班長のほか、運行管理者や事務職の主任なども該当する。

　全国規模の大手事業者では、地域・県単位などで支店等が組織され、支店長等が経営者層となっている。本社だけでなく、支店単位で部門が組織され、その部長や課長が存在する。リーダー層には、ドライバーの指導役として、班長以外に専門の職長などが任命される。

第3章

安全マネジメント診断
~現状と目標、改善シナリオを
明らかにする~

　第2章でみてきた安全マネジメントの体系の展開を、どのように取り組んでいけばよいのか。安全マネジメント診断では、自社の現状と課題、目標、改善シナリオを明らかにする。
　安全マネジメント診断は、1)組織・人材診断、2)マネジメントシステム診断、3)安全パフォーマンス診断の3つから行う。これにより自社の安全マネジメントレベルの判定を行い、取り組むべき課題と手順を明らかにする。
　これらの結果を踏まえて、組織・人材（人・文化）面の改善目標、マネジメントシステム面の改善目標を設定し、生き残るマネジメント、持続発展するマネジメントへの向上・展開を図っていく。

1 安全マネジメント診断

(1) 安全マネジメント診断の内容

　安全マネジメント診断は、第2章でみてきた安全マネジメント〜安全から始まる経営革新に、どのように取り組むべきかを具体化するものである。

　1) 組織・人材診断、2) マネジメントシステム診断、3) 安全パフォーマンス診断の3つにより、自社の安全マネジメントレベルの判定を行い、自社の現状と課題、目標、改善シナリオを明らかにする。

　課題に対する具体的な考え方や手順は、マネジメントシステムの構築と運用、その中での小集団活動の展開、これらを実現する人づくりであり、この詳細は第4〜6章で述べる。

図表3−1−1　安全マネジメント診断と第4〜6章の関係

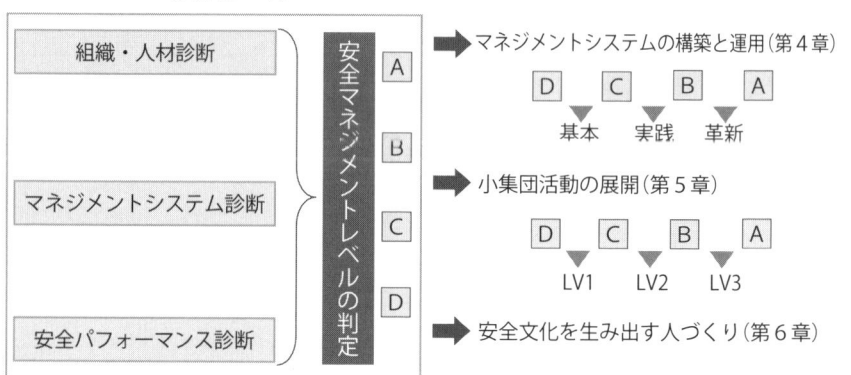

安全マネジメント診断(第3章)

- 組織・人材診断
- マネジメントシステム診断
- 安全パフォーマンス診断

→ 安全マネジメントレベルの判定（A／B／C／D）

→ マネジメントシステムの構築と運用(第4章)
　D → 基本　C → 実践　B → 革新　A

→ 小集団活動の展開(第5章)
　D → LV1　C → LV2　B → LV3　A

→ 安全文化を生み出す人づくり(第6章)

（2）組織・人材診断

　組織・人材診断は、安全マネジメントの体系の【人・文化】を対象として、①企業性格診断（集団性格が創造的か否か）、②責任能力診断（周囲の期待に応えてやり抜く力の有無）、③人材棚卸（経営者、管理者、リーダーの人間的特性や技能、組織での役割・経営機能、成長課題など）の3つから行う。

①企業性格診断（注1）

　個人の集合体である企業組織には、メンバーの能力を充分に発揮できている組織、そうでない組織と各々特有の性格がある。

　高い成果を挙げられる活力ある組織は、信頼に裏付けられた意思疎通と信頼から生まれる貢献意欲が高い。そのような組織は、安全管理体制が機能し、安全文化も醸成されている。

　企業性格診断は、ＫＤ－Ｉ調査を用いて行う。ＫＤ－Ｉ調査とは、組織メンバーに対する15分ほどの簡単な調査で、組織における意思疎通の度合の測定を行うものであるが、同時にその背後にある経営理念の創造性や、メンバーの人間性にもとづいて形成される組織性格の診断をあわせて行おうとするものである。

　企業性格診断は、企業に働く人々のこのような心意（深層心理）を生活の場である9つの領域60項目について、刺激語に対する反応語によって定量的に測定するものである。このような方法でメンバーの全体的人間としての意識を測定することにより、企業性格とメンバーの質的構成を診断するものである。

（注1）企業性格診断およびＫＤ－Ｉ調査に関する参考文献
礒部　巖編著、日本創造経営協会編「共生共益を実現する人づくりの経営」中央経済社、2006年
日本創造経営協会編「トラック物流」同友館、1995年
薄衣佐吉著「創造経営経済学」白桃書房、1982年
薄衣佐吉著「喜働経営学入門」白桃書房、1967年

人はそれぞれに性格が違うように企業にも企業性格があり、次の5つに分類される。

1) **感化性企業** … 自社の経営ばかりでなく、企業群展開をはかり、業界や社会への貢献を果たして永続的な繁栄が可能な企業であり、まさに理想の集団である。

2) **開拓性企業** … 社員の創意や自発性を引き出し、新サービス開発や顧客・市場開拓を進め、困難な経営環境を切り開き発展性に富む企業である。

3) **自立性企業** … 企業の社会的責任を自覚し、自社の利益だけでなく従業員や顧客との利益の一致を考える企業である。生業から脱皮し、管理システムを確立し、社会的企業として自立しつつある企業である。

4) **自立準備性企業** … 自企業の利益中心の私経済観に立って営まれるため、取引先との関係も建前と本音が一致せず、不安定な経営になりがちである。従業員との関係は金銭物質中心で、表面的には協調しているものの、本当の信頼関係は薄い。

5) **自己中心性企業** … 儲かるためには手段を選ばず、私利私欲やお金で動き他人のことは考えない。従業員はヨソ者扱いで、利益は経営者が一人占めするような企業である。倒産企業の大部分がこのレベルに属する。

図表3-1-2　KD-I調査による経営体の意思疎通度

企業性格		KD-I得点	従業員構成分析			意思疎通内容　集団意思判定	集団性格
			創造者	自立者	労働者		
感化性企業		96点以上	100%	—	—	まさに理想の集団として、取引先に対して感化していける企業体。	協同的集団
開拓性企業		96〜72	30%以上	40%以上	30%以下	経営者の意思どおりのチーム（集団）行動をする。個別行動や批判は、まずない。	
自立性企業		72〜60	25%以上	30%以上	45%以下	経営者の意思にそったチーム（集団）としての企業行動ができうる（総合力、統一力）。	
自立準備性企業	上	60〜55	20%以上	25%以上	55%以下	まずはまとまった企業行動のできうる階段、集団意思がまとまりかけた段階。	相互的集団
	中の上	55〜49	15%以上	20%以上	65%以下	経営者の統一力ができかけた企業。チームワークはまとまっていないので集団意思のまとめには多少苦労する。	
	中	49〜44	10%以上	15%以上	75%以下	セクショナリズムのため経営意思は容易に伝わらない。しかし、集団に帰属する個人だという意思ができかかってきた経営体。	
	中の下	44〜38	7.5%以上	12.5%以上	80%以下	個人あっての集団という理解。経営者の意思を下部に伝えるのに苦労する。	
	下	38〜33	5%以上	10%以上	85%以下	集団としてまとまっていない。経営意思はまず伝わらず、対立がひどい。	寄生的集団
自己中心性企業	上	33〜27	3%以上	7%以上	90%以下	てんでばらばら、集団といえない。利己心がひどくなり、個人のより集まりにすぎない。	
	中	27〜24	1%以上	4%以上	95%以下	お互い利用心一方、まさに寄生的集団。存在目的も価値観も不明。	
	下	24点未満	1%以下	4%以下	95%以上	徹底したエゴイスト、ニヒリストの集団。自由でなく放縦のみ。	

表中の創造者とは「問題があれば進んで取り組み，組織を統率してゆく力のある人」、自立者とは「権利，義務をわきまえ，一人前の言動がとれる人」、労働者（非自立者）とは「自己の利益のみを求め働きを嫌う人」である。これらの割合によって、組織の意思疎通や集団意思が決定される。

　企業性格診断の結果は、全社、営業所別、階層別、職種別などに区分してみることができる。
　例えば、ある営業所が、自律準備性企業の下（38〜33点未満）であった場合、事務所とドライバーとの関係は悪く、ルールが守られない状態が多い。事務所員やドライバーに不平不満も溜まっているため、経営者がいくら安全方針や目標を掲げても意思が伝わらず、事故が減らない状況である。
　一方で、自律準備性企業の中の上（49〜44点未満）の営業所は、所長や運行管理者が、組織（集団）で取り組むということが認識され、安全方針や目標を職場に展開していくことが出来る集団性格である。ただし、ドライバーをとりまとめていくリーダーがまだ少ないため、方針や目標を行動として具体化し、全体に落とし込むには、管理者が丁寧な対応を求められる状況である。

　これまでの調査結果から見れば、集団性格が「寄生的集団」（ＫＤ－Ｉ得点で44点未満）を超えて、「相互的集団」にならないと、方針や目標に取り組むことができない傾向がある。企業性格が自立準備性企業の上（60〜55点未満）まで高まることで、意思疎通内容が「まずはまとまった企業行動のできうる段階、集団意思がまとまりかけた段階」となるため、まずはこのレベルを目標としていくことになる。組織の中で、創造者の割合が20％（5人に一人）の状態である。

第3章 安全マネジメント診断

COLUMN

事故率とKD-I得点との関係

　ある企業の営業所別の実績を把握し、事故率とKD-I調査による企業性格の関係を表してみた。企業性格レベルが自己中心から自立準備、自立、開拓レベルへと向上するほど、事故率は低下している。

図表3-1-3　事故率とKD-I得点との関係

（縦軸）十万キロ当り事故率（件）： 0.2, 0.4, 0.6, 0.8
（横軸）KD-I得点と企業性格（点）：
- 自己中心　～32
- 自立準備　33～59
- 自立　60～71
- 開拓　72～

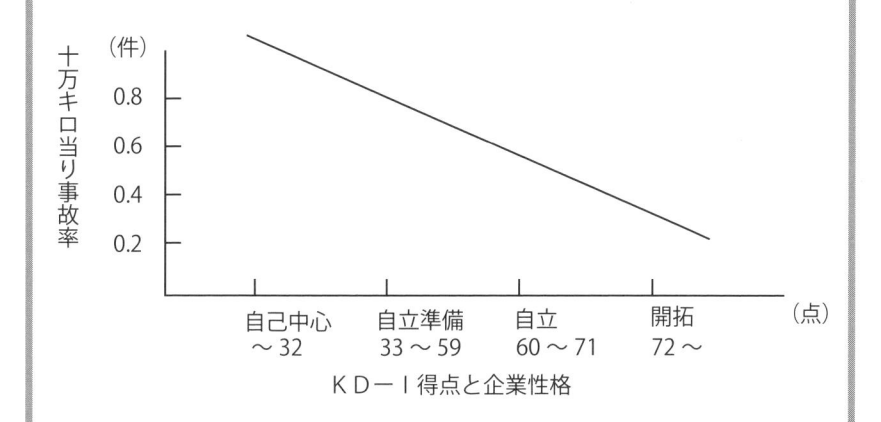

COLUMN

優秀ドライバーと事故惹起ドライバーの違い

　以下は、優秀ドライバーと事故惹起ドライバーを比較した場合、ＫＤ－Ｉ調査結果でどのような差異が表れるのかを検証した事例である。

　ドライバー約200名の年当り事故件数を算出した（勤続3年未満のドライバーは、技術が未熟な場合があるため対象から除外している）。その中から、優秀ドライバー55名、事故惹起ドライバー44名を抽出したものである。

> 優秀ドライバー：0.00～0.10件＝10年以上で1件起こす又は起こさない
> 事故惹起ドライバー：0.33件以上＝3年に1件以上起こす

　優秀ドライバーと事故惹起ドライバーのＫＤ－Ｉ調査結果を、9領域で比較したのが次の表である。

図表3－1－4　ＫＤ－Ｉ調査9領域比較

	基準	職場	家庭	時間	社会	地域	学校	天候	余暇	全体得点
優良	0.57	0.63	0.96	0.65	1.02	0.95	0.86	0.53	1.00	47.1
事故	0.38	0.48	0.88	0.44	0.94	0.92	0.70	0.31	0.74	37.8
差(優－事)	0.19	0.15	0.08	0.21	0.08	0.02	0.16	0.22	0.26	9.29

また、9領域を構成する60項目の得点を比較し、その差が0.3ポイント以上ある項目を抜き出したのが以下の表である。

図表3－1－5　KD－Ⅰ調査60項目のうち0.3ポイント以上

	食事	即行	会議	職仲	欠勤	終業	朝	帰宅	税金	休日	居酒屋	カラオケ	パチンコ
優良	0.55	0.75	0.89	0.89	1.09	1.00	0.55	1.11	0.56	0.64	0.96	1.71	1.02
事故	0.25	0.43	0.27	0.59	0.64	0.41	0.14	0.75	0.16	0.34	0.59	1.18	0.61
差(優-事)	0.30	0.31	0.62	0.30	0.45	0.59	0.41	0.36	0.40	0.30	0.37	0.53	0.40

全体得点は優秀ドライバーが47.1点であるのに対し、事故惹起ドライバーは37.8点と約9.3ポイントの開きがある。領域別で見ると、特に基準、時間、天候、余暇領域など、「自己管理」に関する領域において差が見られた。

また、差が大きかった項目をみると、能力の高め方（良いものは即行動に移すなど）、生活管理の心がけ（食事への配慮、欠勤への意識、朝の目覚め、まっすぐ帰宅、休日の過ごし方など）、職場での過ごし方（会議の活かし方、職場仲間との交流、終業への意識・満足感など）、明るく楽しい人柄（酒やカラオケなど楽しむ時は和気あいあいなど）、に関連するものが多い。

②責任能力診断（注2）

　責任能力診断は、組織（家庭・職場等）における責任能力の発揮状況や長所（個性）・短所（性癖）を明らかにし、行動改善を進めるものである。責任能力診断は、ＫＤ－Ⅱ調査を用いて行う。30分ほどの調査で、その人の行動特性を測定・診断する。その人の行動特性は、組織においてリーダーシップを表す。

　リーダーシップとは、周囲の人々（家庭では両親はじめ家族、職場では社長や上司、同僚）の信頼や期待・願いに気づき（意思疎通力）、それに応えて物事をやり遂げる（意思決定力）能力をいうものである。

　意思決定力は、社会的適応力、具体的思考力、自己実現力の3つの方面から分析する。意思疎通力は、環境掌握力、感情制御力の2つの方面から分析する。さらに、この5方面は、3つの因子に分けて分析するため、5方面15因子から、責任能力（レスポンシビリティ）の内容を見るものである。

（注2）責任能力診断およびＫＤ－Ⅱ調査に関する参考文献
礒部　巖編著、日本創造経営協会編「共生共益を実現する人づくりの経営」中央経済社、2006年
薄衣佐吉著「創造経営経済学」白桃書房、1982年

第3章 安全マネジメント診断

図表3-1-6　KD-II得点と責任能力

責任能力レベル	責任能力
超自律（Aクラス）85点以上	愛情に満たされ、安定した感情の基で周りに対応し、おおらかな心と深い気づきで物事の本質をとらえ周りに対応し、全体観と高い使命感の基で高い目標を掲げ、計画を長期的・建設的に企画し、強い意思で遂行し、組織を協働体制に導く
協働律（Bクラス）85点未満	周囲からの期待と愛情を理解し、周囲に対しても気配りを行い周囲に対応する。使命感を持ち、高い目標を掲げ、計画を具体化し、建設的な思考と強い意思のもと、メンバーの理解と信頼の基で協力を得ながら遂行する。
自律（Cクラス）77点未満	安定した感情のもとで、メンバーとの意思疎通をはかり、目標を掲げ計画を具体化し、強い意志の基で推進する。しかし、個人としての実行に留まる傾向がある。
非自律（Dクラス）70点未満	周囲の期待や愛情を受け止めようとするが、自己感情に流され、意思の不疎通をきたす。積極的に意思決定を行おうとするが、考えが観念的或いは抽象的になり、実行が一貫できない。
非自律（Eクラス）67点未満	周囲に対して無関心、気配りに欠け、自己感情に流される。そのため、環境対応・メンバーとの意思疎通が不十分である。目先にとらわれ、自己の考えに固執した狭い考え方になり、全体から遊離した考えと行動に陥る。
非自律（Fクラス）64点未満	自己中心的あるいは対立的な捉え方が強く、メンバーとの意思疎通が図れない。自己中心的或いは否定的な考え方をするため、行動が消極的になり、一貫しない。結果として、計画を実現することができない。

責任能力（レスポンシビリティ）が具体的に問われるのは、例えば、ドライバーのリーダーであれば、運行・作業における率先垂範である。また、小集団ミーティングを運営したり、班員とコミュニケーションする場合などである。管理者であれば、そのようなリーダーの取り組みを支援する場合や、日々の業務の中で問題点を発見し、作業（活動）を改善する場合などである。経営者であれば、部門間あるいは顧客など社外と利害相反する調整をする場合や、経営管理（諸制度）を構築し、それに必要な人材育成やしくみづくりを行う場合などである。

　このように、階層の職務として期待される内容を、期待に応えてあるいはそれ以上にやり遂げる人材もいれば、期待に応えられない、あるいは期待そのものを理解できず、やり遂げる力も不足している人材もいるだろう。

　期待される内容（役割）に責任を持てるかについて、その人材の分析をするのが、この責任能力診断であり、次の人材棚卸を組み合わせることで、具体的な改善の方向を見出すことができる。

③人材棚卸

　人材棚卸は、管理者やリーダーなどの、現在の基本的職務内容、長所や短所、成長を期待する事項（人格および職務・能力開発）、中期的な成長課題、短期的な成長課題などの観点から、安全マネジメントにおける様々な役割や業務の遂行について、その現状と課題を明らかにするものである。またそれをもとに育成計画を作成するために行う。必要な対象者を選定し、個人ごとに行うもので、責任能力診断と組み合わせて分析を行う。

（3）マネジメントシステム診断

　マネジメントシステム診断は、安全マネジメントの体系の【システム】を対象として、①現場業務、②現場管理、③教育訓練・人材育成、④事故防止活動、⑤人事給与制度、⑥計画設定・実行・チェック（PDCA、情報管理）、⑦経営目的・事業構想の7つの観点から行う。

①現場に表れる「人間管理」の甘さ

　安全は、結局のところ「一人一人の人間管理」である。
　安全に弱い企業は、一人一人の人間管理が弱い。当たり前のことを当たり前にできていなければ、要注意である。安全に直接関係する、しないではなく、「徹底する」ことが大事なのである。このような人間管理のレベルは、以下に示す現場の状態に表れる。

　a）構内のゴミ・油漏れの状態、機材等の保管状況など
　b）駐車整列、輪止め、洗車・キズ、車内のゴミ・汚れなど
　c）タイヤ、オイル、資材・部品・消耗品の管理状況など
　d）服装、靴、髪型、ヒゲ、名札、挨拶、言葉遣いなど
　e）点呼面実施の状況、アルコールチェック、出勤時間（遅刻）など
　f）日報の書き方、運行記録の状況、乗務後点呼での指導内容など
　g）休憩室での過ごし方、会話内容など

②現場管理の質

　現場のメンバーに積極的に関わる現場管理が行われているかが重要である。形式的にならず、管理者がこまやかに個人個人の状況をみながら相手と関わりを持っているかどうかを確認する。
　現場では、ドライバー（作業者）をまとめることができるリーダー的存在（班長）が重要である。また、班長やその候補者に対し、小集団活動（班活動）の運営や後輩などを指導する機会を与えているか、リーダー

としての力がつく育成が行われているかが重要である。

職場で実際に活用できるアドバイスを行うことができる職長(指導員)が配置されていることも安全の確保には望ましい（中小企業では社長自らの場合もある）。

③教育・訓練制度、人材育成は効果的か

教育システムにおいて、階層ごとの責任が明確にされ、採用から新人教育、ベテラン向け教育、安全教育といった定期的教育の質と量は十分だろうか。リーダーとしての役割が身につくような、日常業務における「育成」が、実施され、効果をあげているか、役立っているだろうか。人が不足するため、車を動かすために「とりあえず」採用する姿勢が続いたとすれば、そのような企業で安全文化がつくられることは期待しづらい。何よりも採用の仕方が重要である。

④事故防止活動は効果的か

事故の定義（軽微な接触事故の扱い）・統計・分析資料、事故報告の書き方、原因追求、対策のレベル、再発の確認、処理手順（迅速さ）等を確認する。

事故分析では「真因」を追究することが重要である。本人への責任追及だけでなく、例えば班長、管理者などの行動改善や、職場の体制（安全管理、教育等）の改善に、事故の教訓が生かされているか、をみる必要がある。

事故等の発生に備えた訓練を通じ、各人が事故、災害時に自分がとるべき行動を判断でき、即座に行動できるだろうか。また、継続的に訓練を重ねながら、手順等が見直されているか。ドライブレコーダーの映像なども活用したヒヤリハットや危険予知訓練等は、安全に対する気づきを高めることが目的である。実際の職場の事例を収集、分析し、日常の業務に役立てる教育、指導が行われているだろうか。指導・管理に役立

つ施策を講じているかを確認する。

⑤人事・給与制度に潜む問題点

「事故防止」と「従業員の定着・育成」が事業者の課題だとすると、人事・給与制度で考慮すべきは、今いる現在のドライバーが「自己管理ができること」と「満足度を向上させる評価制度」を両立させることといえる。

そのための環境や制度の要件は、「働くこと＝時間の提供」という考え方でなく、ドライバーが働きがいを感じつつ働けることにある。単に給与制度を変えるだけでは真の解決につながらないという事に難しさがある。

⑥マネジメントシステムは効果的に運用されているか

経営者は、会社の理念、経営方針等について、自らの考えを全社員にわかりやすく説明し、周知しているか、経営者が目標を平易な言葉で社員が理解しやすいように表現しているだろうか。

目標達成のためには、重要度、緊急度等の優先順位を考慮し、目標実現のための重点施策を、担当、期限、具体的手段等を明確にすることが必要である。

安全の実現に向けて、社員それぞれが各人の分担、役割を認識し、責任を持って実行しているだろうか。仕事を漫然とこなすのではなく、常によくするために考え続ける姿勢を持っているであろうか。
良い人材は常に自らの仕事や職場の改善を考えている。目標達成のために、会社から示された改善施策も踏まえ、取り組んだ結果を活かし、次のアクションにつなげているだろうか。

事故等の情報の報告手順や作業手順書など、マニュアル類が形骸化することなく、安全体制の確立、実施、維持のため、ノウハウ継承ができる組織文化だろうか、文書は定期的に見直しが行われ、常に閲覧でき、活用されているのかを確認する。

⑦ 経営者の価値観、事業構想

創業の経緯、経営理念、その具体化の取り組み、経営者の経歴・技能、現状の経営への問題意識、安全方針とその具体化の取り組み、将来構想などを確認する。同時に、マネジメントシステム、人事給与制度や教育訓練制度、会計制度などに現れる経営者自身の企業観、従業員観などもみていく。

（4）安全パフォーマンス診断

安全パフォーマンス診断は、①事故率、②事故費・保険料、③従業員定着率、④優良ドライバー比率、⑤労働生産性、⑥自己資本比率などの観点から行う。

図表3－1－7　安全パフォーマンス

①事故率
事故率は、路上・構内の車両事故を対象に、保険適用の事故の他、保険不適用や軽微な接触事故を含めた事故件数を、走行10万km当りでみたものである（過失割合ゼロの被害事故、荷役中の貨物事故は含めない）。
②事故費・保険料
事故に関わる修繕費や処理費用、車両以外の保険を除いた保険料で、金額面の効果をみる指標である。金額のほか、売上比やkm当りの指標で見る。
③従業員定着率
従業員定着率は、安全風土の醸成等に影響を与える人的安全性指標である（定年退職や試用期間退職は含まない）。
④優良ドライバー比率
事故を起こさないだけでなく、周囲との関わり方、後輩の育成などリーダーに期待される能力、また職務能力としてのスキルマップによる評価を見る。
⑤労働生産性
安全マネジメントの結果として、ロスやコストの削減、経営革新による付加価値創造の結果は、労働生産性として測定する。
⑥自己資本比率
自己資本比率は、安全対策の費用や投資の前提となる財務体質（財務安全性）をみる指標である。

（5）安全マネジメント診断のアウトプット

これまで（2）～（4）でみてきた組織・人材診断、マネジメントシステム診断、安全パフォーマンス診断の結果（イメージ）は次の通りである。

評価結果は、得点や評価レベル（A、B、C、D）などで示す。この結果に応じて、最終的に、本書で述べてきた安全マネジメントの体系を展開していく上での所見として、マネジメントシステムの構築と運用、その中での小集団活動の展開、これらを実現する（必要な）人材育成について、現状と課題、目標、改善シナリオを示す。経営者、管理者層、リーダー層、現業層での取り組み内容、それに必要な人材育成（成長目標）の内容などについて、中期的展開シナリオと、当面、初年度の改善シナリオやスケジュールを明らかにする。

図表3－1－8　安全マネジメント診断のアウトプットイメージ

I．安全マネジメント診断総合所見（現状と課題）

```
1．現状
 (1) 現状のマネジメントシステム、組織・人材レベル
   XXXX
 (2) パフォーマンス指標
   XXXX

2．課題の抽出
   XXXX
   XXXX

3．目標
 (1) 安全パフォーマンス指標の目標値
   XXXX
 (2) 企業性格診断の改善目標
   XXXX
 (3) 責任能力診断の目標値と人材棚卸上の課題
   XXXX
 (4) マネジメントシステムの構築と運用
 (5) 小集団活動の目標
   XXXX

4．改善シナリオ
 (1) 経営者、管理者、リーダー、現業職の各階層における取り組み
   XXXX
 (2) 初年度および中期的展開
   XXXX
```

Ⅱ．組織人材診断

1．企業性格診断

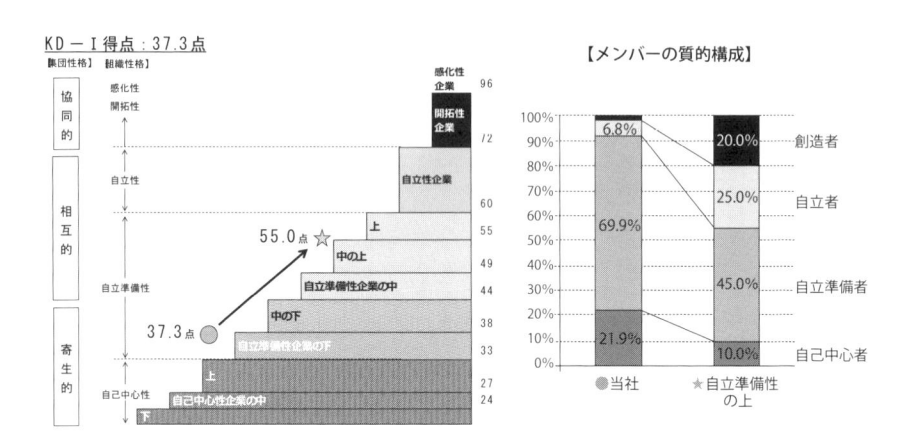

KD－Ⅰ得点：37.3点

【集団性格】【組織性格】

協同的 — 感化性／開拓性
相互的 — 自立性
　　　　　自立準備性
寄生的 — 自己中心性

感化性企業 96
開拓性企業 72
自立性企業 60
中の上 55
　　　　49
自立準備性企業の中 44
中の下 38
自立準備性企業の下 33
上 27
自己中心性企業の中 24
下

55.0点 ☆
37.3点 ●

【メンバーの質的構成】

当社：創造者 6.8%、自立者 69.9%、自立準備者 21.9%
★自立準備性の上：創造者 20.0%、自立者 25.0%、自立準備者 45.0%、自己中心者 10.0%

2．(1) 責任能力診断

KD－Ⅱ得点：62.5点（意思決定力65点、意思疎通力60点）

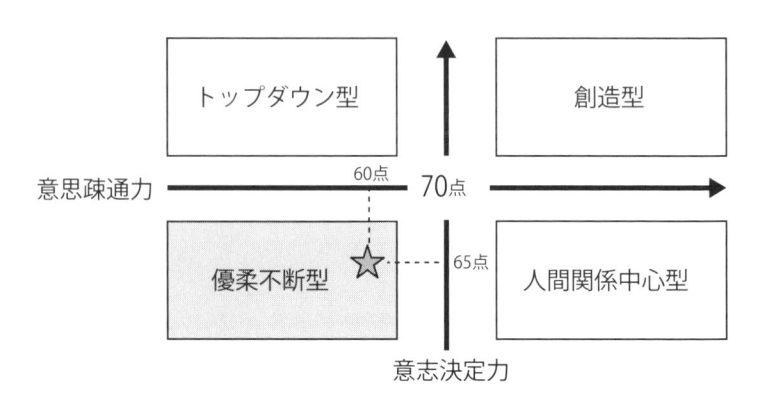

	トップダウン型	創造型
意思疎通力	60点 ／ 70点	
	優柔不断型 ☆ 65点	人間関係中心型

意志決定力

第3章 安全マネジメント診断

（2）人材棚卸

項目		経営者層	管理者層（所長・運行管理者）
業務管理	1. 業務方針と業務目標	4.0	2.5
	2. 業務分担と仕事の・・	3.5	2.8
	3. 計数目標の設定	2.9	2.7
	4. 問題発見と問題解決	3.7	2.7
	5. 後始末	2.5	2.3
	平均点	3.2	2.7
業務改善	1. 事故・クレーム・・・	3.1	2.7
	2. 原因分析と改善	1.5	−
	3. 顧客の困っている・・	2.0	2.5
	4. 提案活動	2.0	−
	5. 小集団活動	1.6	−
	平均点	2.1	2.4
〜	・・・・・	3.0	3.0
	・・・・・	2.5	2.3
	・・・・・	3.0	3.0
	平均点	2.8	2.7
KDⅠ		58.0	51.0
KDⅡ		70.0	60.0

責任能力と人材棚卸からみた現状

(1) 責任能力の現状
①経営者
××××

②管理者
××××

(2) 人材棚卸
（マネジメントシステム、小集団活動に必要な能力）
①経営者
××××

②管理者
××××

Ⅲ．マネジメントシステム診断

1. 総合評価

| D | C | **B** | A |

マネジメントシステムの特徴

xxxx xxxx xxxx

2. 区分別評価

(1) 現場業務　　　　　　　| D | C | **B** | A |

(2) 現場管理　　　　　　　| D | C | **B** | A |

(3) 教育訓練・人材育成　　| D | **C** | B | A |

(4) 事故防止活動　　　　　| D | C | **B** | A |

(5) 人事給与制度　　　　　| D | **C** | B | A |

(6) 計画設定・実行・チェック | **D** | C | B | A |

(7) 経営目的・事業構想　　| D | **C** | B | A |

Ⅳ．安全パフォーマンス診断

- (1) 事故率
  XXXX
- (2) 事故費・保険料
  XXXX
- (3) 従業員定着率
  XXXX
- (4) 優良ドライバー比率
  XXXX
- (5) 労働生産性
  XXXX
- (6) 自己資本比率

(1) 事故率（10万kmあたり事故件数）

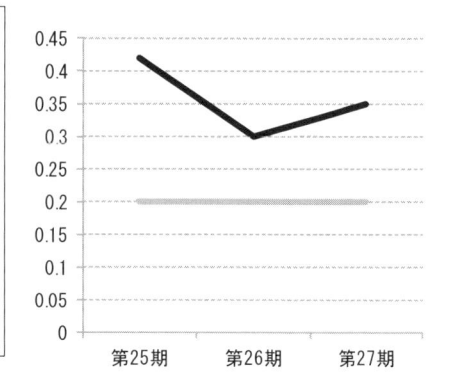

	第25期	第26期	第27期
事故率	0.42	0.30	0.35
基準	0.20	0.20	0.20

(2) 事故費・保険料

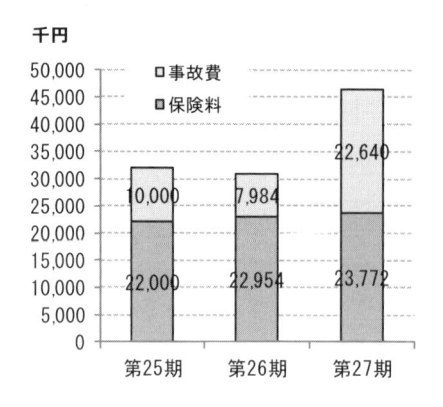

①総額（千円）

	第25期	第26期	第27期
事故費	10,000	7,984	22,640
保険料	22,000	22,954	23,772

②売上比

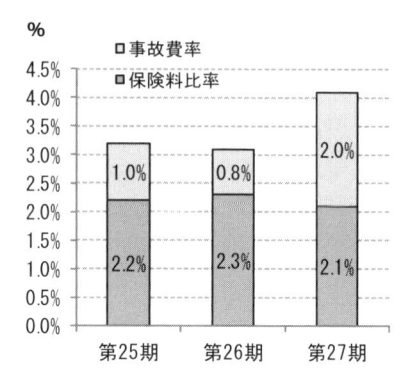

	第25期	第26期	第27期
事故費率	1.0%	0.8%	2.0%
保険料比率	2.2%	2.3%	2.1%

第3章　安全マネジメント診断

(3) 従業員定着率

(4) 優良ドライバー比率

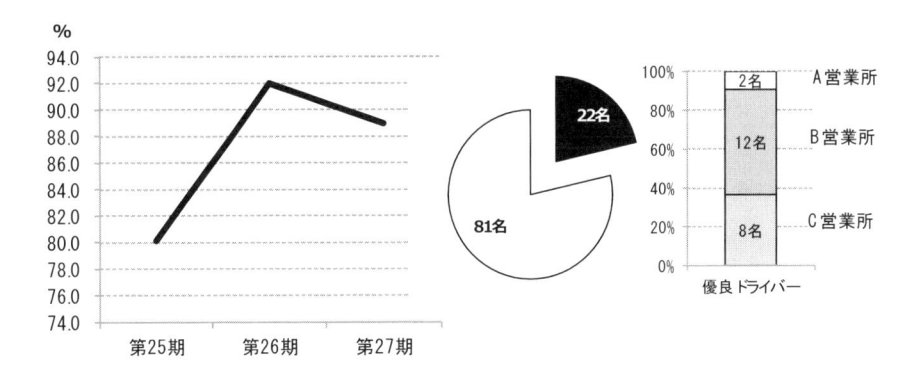

(5) 労働生産性

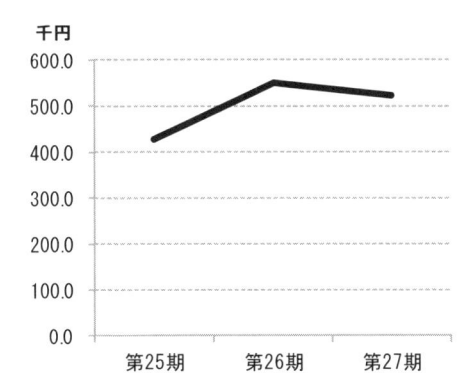

(6) 自己資本比率

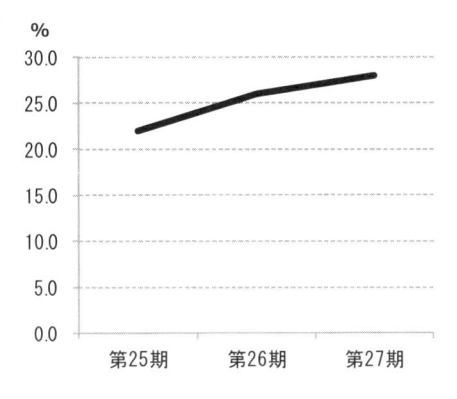

2 安全マネジメントの改善目標

(1) 組織・人材面の課題

　安全マネジメント診断においては、以下のような問題を抱えた企業・営業所が見られる。特に、組織・人材に課題を抱えるケースである。

図表3－2－1　階層別の問題点（小規模事業者の例）

■車両20台、小規模事業者			
経営者	稼働が上がればよい少々は目をつぶる	目先に追われ、短期売上・利益中心業界の付き合いが多く、現場を見ていない	
管理者層	自分のことで手一杯通り一遍の指導	現場任せ無責任な指示と指導	目標や計画はないどんぶり勘定
リーダー層(事務所員/現業班長)	周りに無関心コミュニケ不足	不満を言う代表者不信・対立がある	ミスや無駄が目立つ問題の火消しに追われる
現業層	自分勝手な考え方生活管理の乱れ	ルールはあってないようなもの分かったつもりで事故を起こす	
■事故率・保険料・離職率が高い、実質欠損の状態が続く			

図表3－2－2　階層別の問題点（中堅・中小事業者の例）

■車両40台、中堅・中小事業者（1つの営業所）			
経営者 （社長）	外と内で別の顔 私企業観が抜けない	掲げる理想と現実の自分の行動が不一致 管理者を飛び越して現場に指示	
管理者層 （所長）	課題に追われる 現場は強いが知識が不足	経営者と現場（現実）との間で悩む現場を理由に言い訳	目標・計画は経営者の掛け声（管理者は押し付けられ感）
リーダー層 (事務所員/ 現業班長)	自分の仕事はこなす 後輩を育てられない	表面は協調的 乗務員室では不満をもらす	問題の改善が進まない（分かっていても改善されない）
現業層	稼ぎよりも休みたい 配車に非協力	守れるルールではないと不満をもらす 真面目な人が報われない（辞めていく）	
■事故率が下がらない、定着率が悪化、利益率・生産性・内部留保が薄い			

図表3－2－3　階層別の問題点（全国展開事業者の例）

■車両50台、全国展開事業者（1つの営業所）			
経営者 （支店長）	本社の指示に忙殺 収支に追われる	本社には表面的対応、批判的な意見も他の支店（良い支店）に学ばない	
管理者層 （所長）	所長により実績が変わる（しくみはあっても所長次第）	現状のやり方を変えられない 言われた範囲でやる	数字に追われる 改善・育成まで手が回らない
リーダー層 (事務所員/ 現業班長)	定期教育で知識はあるが受け身 育成の手が足りない	管理者への不信 意思が伝わらない	ルーチン業務化 工夫ができない
現業層	権利の主張内輪で固まる	ルールでがんじがらめ（形骸化）変化をよしとしない	
■他の営業所より事故率が高い、時折大きな事故や問題が起きる			

このような企業や営業所は、次の図のA（中小運送業に見られる）、B（中堅・大手企業の支店や営業所に見られる）に位置づけられる。

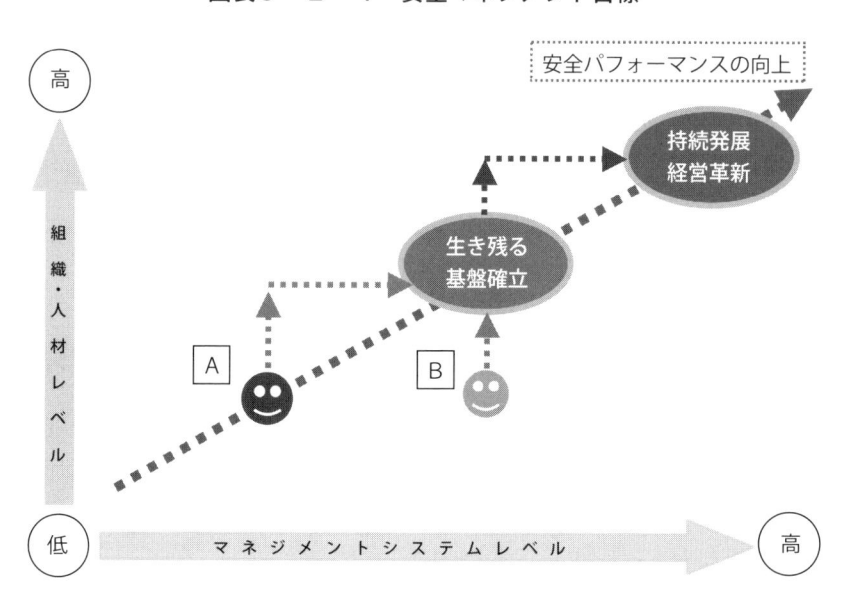

図表3−2−4　安全マネジメント目標

縦軸：組織・人材レベル（低→高）
横軸：マネジメントシステムレベル（低→高）

- A：中小運送業（低めの位置）
- B：中堅・大手企業の支店や営業所
- 生き残る基盤確立
- 持続発展 経営革新
- 安全パフォーマンスの向上

（2）改善目標への取り組み方

　Ⓐのように、組織・人材のレベルが低く、マネジメントシステムのレベルも低い状態では、目標やルール、またマネジメントシステムのしくみをいくら作っても結果が出ない状態である。そのため、まずは、組織・人材レベルを高め、その上でマネジメントシステムを改善していくのが基本手順である。

　また、Ⓑのように、運輸安全マネジメントや小集団活動などを行い、経営計画なども立てて実践しているなど、組織内部である程度マネジメントシステムが出来ている状態で、結果が思わしくない場合は、組織・人材レベルが高まっていないことが考えられる。そのため、マネジメントシステムを生かすために、組織・人材のレベルを高めていくことが、パフォーマンス向上に結びついていく。

　前節でみてきた安全マネジメント診断を行い、その結果と抽出された課題を踏まえて、組織・人材（人・文化）面の改善目標、マネジメントシステム面の改善目標を設定していく。まずは生き残るマネジメント、そして持続発展するマネジメントへの向上・展開を図っていく。

3
安全マネジメント改善シナリオの考え方

(1) PDCAを機能させる人と組織

　改善目標を達成していくシナリオでは、【ペアシステムによる人づくり】、【小集団活動による質の向上】がカギとなる。これにより、マネジメントシステムにおけるPDCAが機能するようになる。一般的には、PDCAを機能させるために、全社目標を立て、役割・責任を決めて、部門・担当目標に落とし込んで、計画を立てて取り組ませる。しかし、決めた目標が達成できない、役割・責任どおりに計画を実行できないことも多い。これに対して、【ペアシステムによる人づくり】をバックボーンとして、【小集団活動による質の向上】を"PDCAを回していくエンジン"としていくのが、安全マネジメントにおける【マネジメントシステム】である。

(2) ペアシステムによる人づくり

　ペアシステムは、上司と部下（ペア長とペア子）の信頼関係に基づいて、本人の特性を見極め、成長への願い・期待をかけて育てていく。責任能力診断と人材棚卸の内容をもとにして、階層の職務として期待される内容を、期待に応えてやり遂げられる人材へと育成していく。

　責任・権限に基づく指示・命令・報告だけでなく、人間同士の信頼関係をベースにした育成システムの中で、業務課題を実現していくものである。まずは経営者から、次に幹部・管理者が実践してはじめてリーダーや現業職が成長する。

　ペアシステムの詳細は第6章に述べる。

図表3－3－1　ペアシステム・小集団活動・PDCAの関係

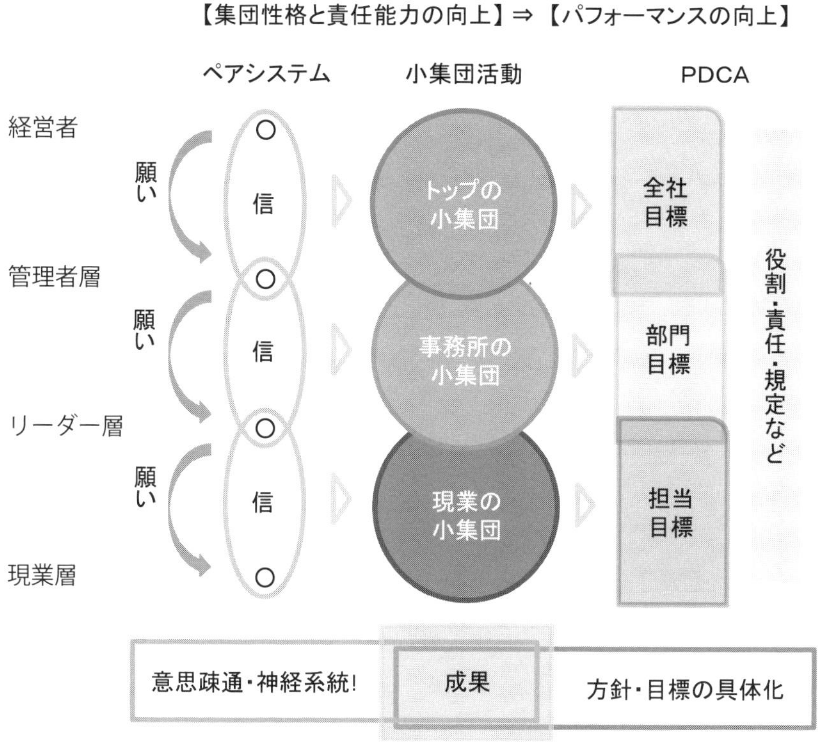

【集団性格と責任能力の向上】⇒【パフォーマンスの向上】

ペアシステム　　小集団活動　　PDCA

経営者 — 願い → 信 → トップの小集団 → 全社目標
管理者層 — 願い → 信 → 事務所の小集団 → 部門目標
リーダー層 — 願い → 信 → 現業の小集団 → 担当目標
現業層 — 信

役割・責任・規定など

意思疎通・神経系統！　成果　方針・目標の具体化

（3）小集団活動による質の向上

　小集団活動は、業務の改善だけでなく、自己の改善の両輪で実行しなければ、パフォーマンスの向上に結びつかない。これを個人別にフォローするのがペアシステムの役割である。そして、マネジメントシステムにおける目標を実現するための改善テーマを、経営者・幹部による経営者層の小集団から、事務所、現業へとリンクさせていく。「現場でやっておけ」という小集団活動やマネジメントシステムではすぐに形骸化してしまう。

　小集団活動の詳細は第5章に述べる。

4 改善シナリオの展開とスケジュール

(1) 導入期(1年目)の基本スケジュール

　シナリオを展開していくスケジュールは、新規に導入していく場合の初年度については、経営者からスタートして、管理者(事務職)までで前半の6ヶ月、現業のリーダーと現業職へ展開は、後半の6ヶ月で行うのが基本である。

　全体の方針および目標・施策を明らかにしてマネジメントシステムの基本的な流れを作る一方で、小集団活動の展開と合わせてペアシステムを構築していくことがカギとなる。

図表3-4-1　導入期(1年目)の基本スケジュール

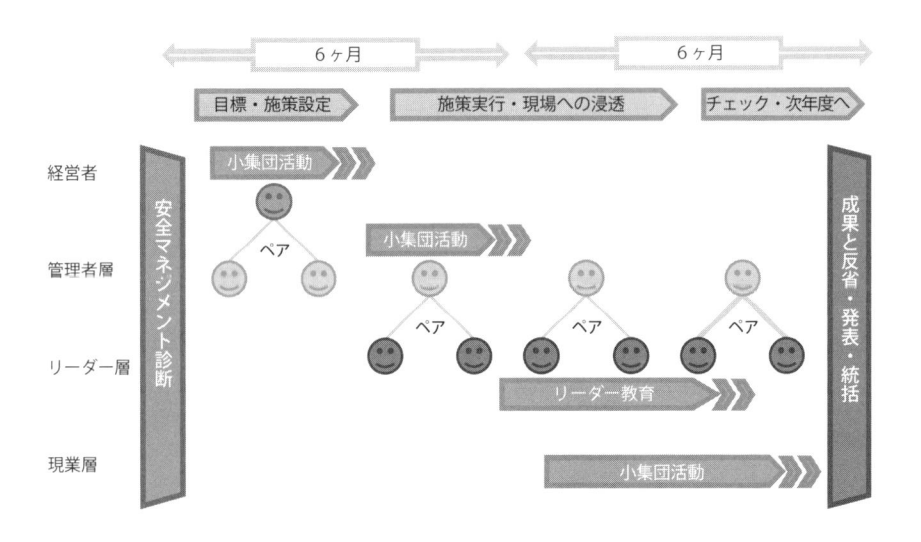

(2) 中期的展開スケジュール

中期的な取り組みステップは、2〜3年で改善の土壌づくり(基盤固め)を行い、次の3〜5年で安全の確立、業務の改善を進めていくことになる。経営成果としては、基盤づくりの段階で事故が減少し、事故費や保険料などに効果が現れ、顧客満足度が高まっていく。顧客との関係性が向上することで新たな事業構想が生まれてくる。集団性格の土壌改良には3年程度、管理者の責任能力の向上(人材育成)には、5〜7年の時間がかかるのが通常である。

マネジメントシステムの改善は、人と文化の改善が裏づけとなって進んでいく。

図表3-4-2　中期的展開スケジュール

	2〜3年		3〜5年	
目標	ステップ1　土壌づくり	ステップ2　安全向上・業務改善		経営革新へ
	事故の減少	顧客満足の向上		新たな事業構想
人と文化の改善	集団性格の改善 ≫≫≫			
	意思不疎通	意思疎通ができる組織	統一行動できる組織	開拓・開発
		管理者の責任能力の向上 ≫≫≫		
	非自律	自律・改善力向上	補完体制の確立	経営機能充足
マネジメントシステムの改善	小集団活動 ≫≫≫			
		経営計画との一体化 ≫≫≫		
	PDCAサイクル ≫≫≫			
	経営者中心	営業所別展開	部門連携	経営機能別展開

第4章

マネジメントシステムの構築と運用

　マネジメントシステムが運用できている、あるいはPDCAが回っている状態とは、理念の実現に向かい、連続的に目標を達成できていることであり、目標が達成できない時でも、その原因に対策がうたれ、少なくとも目標達成に近づいている手応えを実感できる状態といえる。さらに、マネジメントシステム自体が年々改善されて、計画の立て方、組織の編成、教育訓練の内容、コミュニケーションシステム、チェック体制などが進化していることでもある。また、人材が成長し、PDCAサイクルを回せるようになっていることや、部門の責任を担える人材や、営業、車両管理、運行管理、教育訓練、会計など経営の諸機能を担えるような人材が出てくることも、マネジメントシステムが運用できている姿である。

　反対に、目標が明確でない、目標が共有されていない、目標に向けた取り組みが思うように進まない、目標が未達成であることが普通になっている状態であれば、マネジメントシステムは運用できておらず、PDCAも回っていないと言える。

　安全は、マネジメントシステムの構築・強化に最適なテーマである。自動車運送業では共通のテーマであり、無駄や損失を減らすだけでなく、業務プロセス改善を定着させ、さらにそれが経営機能の充実につながるからである。

1 マネジメントシステムの基本的な考え方

　安全を始めとした様々な経営目標の達成のためには、組織の規模や拠点の展開などに応じて、適切なマネジメントシステムを構築することが必要となる。マネジメントシステムは、経営者の思いや掲げた目標を、組織のメンバーによって達成していくために必要なしくみである。マネジメントシステムを動かせる人が、経営者以外にも育つことにより、安全の実現はもとより、経営計画に基づく事業の展開も可能となる。

（1）マネジメントシステムとは
①定義
　マネジメントシステムとは、ISO9000の定義によれば「方針、目標を定め、その目標を達成するためのシステム」である。そしてシステムとは「相互に関連するまたは相互に作用する要素の集まり」である。

　本書におけるマネジメントシステムは、「理念の実現に向けて、各部署・階層間における信頼に根ざしたコミュニケーションにより、方針・目標を達成するためのしくみ」である。また、「企画開発、営業、車両管理、運行管理、運行、人事労務、教育訓練、会計、情報（IT）などの経営の機能を、個別および連携して機能させ、PDCAサイクルを回す」ことが重要であると考えている。特に安全を入り口としてマネジメントシステムを構築・運用し、経営全体に効果を及ぼそうとするものである。

COLUMN

PDCAサイクル

　アンリ・ファヨール(1841～1925)は、企業における必要な不可欠な活動の1つとして、「経営活動(administration)」をすなわち計画planninng、組織化 organaizinng、指令 commanding、調整 coordinating、統制 controlling という要素に分けた。このPOCCCサイクルを回し続けることが企業を経営・管理するということであり、組織によらず普遍であることを主張した。この考えが一部詳細化、もしくは簡略化され、今でもPlan Do See サイクルやPDCAサイクルとして用いられている。

　品質管理（QC）の分野では、エドワーズ・デミング（1900～1993）らが、継続的な業務改善のために、「計画 Plan、実施・実行 Do、点検・評価 Check、処置・改善 Act」の4段階を順次行い、最後のActを次のPDCAサイクルにつなげてスパイラルに向上させていくことを提唱した。ISOのマネジメントシステムでは、これと同様のPDCAサイクルを活用して、品質・環境・安全衛生などの継続的改善を行っていくこととしている。

②マネジメントシステムの要素

　マネジメントシステムを構築し、運用する場合、どのような要素を含めるべきであろうか。業態や規模にかかわらず、マネジメントシステム、すなわち経営の仕組みとして、必要な要素を以下に掲げる。

【マネジメントシステムの要素】

> 1）理念と方針
> 2）経営目標
> 3）重点施策
> 4）行動方針、基準、手順
> 　　※安全の場合、事故報告・指示命令系統
> 5）組織編成
> 6）教育訓練
> 7）情報伝達・コミュニケーションシステム
> 8）実行計画策定と実行管理
> 9）継続的改善
> 　　　　内部監査、マネジメントレビュー、是正・予防処置
> 　　　　※安全の場合、事故の原因分析を含む

1）「理念と方針」を打ち出す

　会社の姿勢ややり方、信念や価値観など、しっかりした方向性を確立する。これらを現場まで定着させていく。

2）「経営目標」を定める

　会社全体や営業所等が何をするのかを決め、その事業で目指すべきものを定める。また、経営目標という大きな目標に対し、期限や範囲を狭めた具体的な数値目標を定める。この到達目標を達成するために、重点施策を立て、計画を立案する。

3)「重点施策」を立案する

　経営目標を達成し、具体化するための考えをとりまとめ、計画を立てる。

4)「行動方針、基準、手順」を定める

　経営理念のもとで、戦略を実行する際に、あらゆるレベルの具体的な行動指針となるべきものを定める。また、経営目標達成に向けて参照すべき業務基準や評価基準を設定する。そして、重要な仕事や反復的な作業をどう進めるかについて決まりをつくる。「安全」のマネジメントだとすれば、事故報告・指示命令系統の整備もここに含まれる。

5)「組織編成」を実施する

　組織の設計図を作成する。経営理念のもとで、戦略、方針に従って行動する際に、社員の力を一つにする役割をはたすのが組織である。

6)「教育訓練」を実施する

　人材を募集・選抜・養成し、組織図で定めた機能を充実する。幹部候補ともいえる中核となる人材を確保する。

7)「情報伝達・コミュニケーションシステム」を構築する

　社員に事実や具体的な数値などの情報を提供する。公式なものだけでなく非公式なものも含め、社内でのコミュニケーションの仕組みを構築する。

8)「実行計画を策定し、実行管理」のしくみを構築する

　実行計画は、到達目標の達成を目指し、定められた戦略のもと、行動方針、基準や手順にしたがって実行する。

9）「継続的改善」を行う

　事故情報や情報伝達の仕組みから得た情報を元にして、原因分析と是正処置、予防処置を仕組みとして実施することや、「内部監査」を通じて現場レベルから経営レベルまでの「マネジメントシステム」を見直し（マネジメントレビュー）、改善の機会とする。

（2）安全マネジメントにおける PDCA とは
① P（PLAN）

　安全方針、安全目標の設定と実行計画の作成である。目標には、結果としての交通事故発生率、保険料・事故費などのほか、事故が起きる前のヒヤリハットやドライブレコーダーなどによる危険挙動発生率などがある。

　またこれらの原因としての組織・人的な目標には、人員定着率、ドライバースキル習得点（優秀ドライバー比率）、企業性格レベル（ＫＤ－Ⅰ得点：第3章参照）、責任能力レベル（ＫＤ－Ⅱ得点：第3章参照）などがある。

　マネジメントシステムが構築・運用できるようになれば、結果の目標は、安全の目標だけではなく、コストや生産性に関する目標へと置き換えて取り組むことができる。

② D（DO）

　計画を実行するための責任、権限を明らかにして組織を整備し、教育を行い、コミュニケーションのルールをつくり、運用することである。実行計画を実行に移し、目標を達成していく実施過程である。

　マネジメントシステムにおける「PDCA」というと、業界では、C（チェック）、A（アクション）をいかに行うか大変であると言われるが、その原因として"組織・教育・コミュニケーション"が不十分なケースが多い。

　マネジメントシステムを運用していくコミュニケーションの組織は、

①社長・役員などの経営者層で構成されるトップミーティング、②管理部門・所長などの管理者層で構成される管理者ミーティング、③現業職の班長などのリーダーで構成させるリーダーミーティング、④リーダーを含む現場第一線のチームミーティングが基本となる。規模によっては、①と②あるいは③までが一体の場合もある。またミーティングの場を新たに設置する場合もあれば、既存の会議体系に追加する場合もある。そして、日々の連絡・報告や実績の把握も、有効に行うためには、コミュニケーションのルールが必要であるため、、これを具体化する必要がある。

③C（CHECK）

運用の成果の測定と評価を行う。目標達成状況と同時に法規制順守の状況を監視する。事故や違反などに対する対応、再発防止も大切な活動である。チェックのための情報システム（現場から経営者まで、双方向に一気通貫で情報が伝わるしくみ）を整備しないと、次のアクションが遅れることになる。このチェックを充実するためには、DOの段階で設定する組織やコミュニケーションのルールが適切に設定、運用されることが重要になる。

④A（ACTION）

マネジメントシステムを充実、発展させるのがActionである。目標の達成状況に合わせた対策を具体化するだけでなく、一連の業務プロセスやマネジメントシステムそのものの見直し、充実を図ることも大切なポイントである。

これらのPDCAを回す上では、責任・権限の規定や階層別教育、会議・ミーティング制度のようなしくみだけでなく、「文化」を醸成する集団性格の向上や管理者の責任能力（レスポンシビリティ）の開発がカギとなる。

（3）業務プロセス管理の必要性

　本書では、事故が起きるのは、経営における様々なプロセスの結果だと考えている。すなわち、営業（時間や経路設定）→車両管理→人事教育→運行管理→運行→☆事故、あるいは経営者→管理者→リーダー→現業職にいたる方針や指示の伝達のように、様々なプロセスの結果、事故は起きるのである。

　その根本には、経営者自身の経営目的（何のための経営か）、安全と利益はどちらが優先なのかという、一見相反する、ギリギリのところでの価値判断の問題が背後にある。営業所などの現場では常にその問題を抱えているが、管理者、経営者が明確な判断を示さず、現場に委ねている（責任を回避している）こともみられる。

　つまり事故が起こるのは、現場だけでなく、経営者の価値判断をモトとして、様々な業務プロセスといった、経営活動の結果として事故が起こっているのである。そのため、安全を確保するためのマネジメントシステムは、現場の事故防止活動だけではなく、経営全般を視野に入れて構築・運用する必要がある。

第4章 マネジメントシステムの構築と運用

2 安全のための業務プロセス管理

(1) 1日の仕事の流れと事故の発生

　ドライバーの一日は、家庭生活と職場生活で成り立っている。
　「生活（睡眠・食事等）⇒出勤⇒挨拶・コミュニケーション⇒準備⇒点検⇒指示（点呼）⇒運行⇒報告（点呼）⇒帰宅⇒生活」という流れの中で、事務所の運行管理者や同僚のドライバー、家庭では、家族との接点をもち、運行業務を行っている。
　一方、事務所の日常業務をみれば、
　「顧客からの要望・依頼（あるいは固定的な運行計画）⇒車両・ドライバーの選定・配車⇒指示⇒運行時の定時連絡⇒報告（情報収集：ヒヤリ、車両・道路状況、客先情報、日報・損益情報など）⇒引継（情報共有）⇒対応・対策・分析⇒配車（車両・ドライバーの選定、整備、指示事項）」などとなる。

　次の図では、事故の発生の背後にある、事務所における業務プロセスの要因とドライバー自身に関係する要因を示している。これらが、事故の原因、業務プロセス管理の視点となる。
　事務所の業務プロセスは、営業・受注活動から配車をする段階、管理者からドライバーへ指示を行い、報告・連絡・相談を受ける段階、そして、事務所内での情報共有・活用の段階にわかれている。さらに、3つの段階が例えば営業から受注活動配車の段階であれば、顧客要望・運行計画、車両・ドライバーの選定、配車などの作業（活動）の三段階に分かれている。
　一方でドライバーは、そのような事務所側の業務と関わり合いを持ち

ながら、運行業務を行う。ドライバー自身の要因には、運行業務を行うための職務能力と背景となる生活のあり方がある。これらが、運行時の注意や心理状態とつながっており、ドライバー自身の直接の問題となる。

図表4－2－1　業務プロセス管理の視点

ドライバー自身の問題の背後には、業務プロセスに起因する事故の原因がある

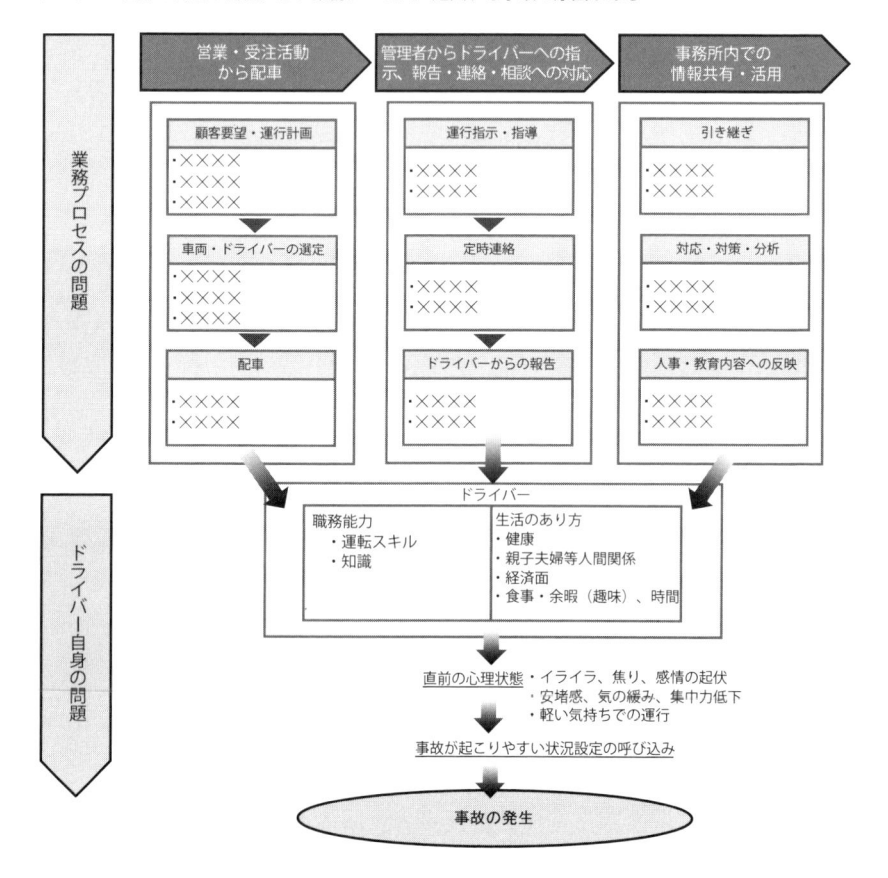

業務プロセスの問題

営業・受注活動から配車
- 顧客要望・運行計画
  ・××××
  ・××××
  ・××××
- 車両・ドライバーの選定
  ・××××
  ・××××
  ・××××
- 配車
  ・××××
  ・××××

管理者からドライバーへの指示、報告・連絡・相談への対応
- 運行指示・指導
  ・××××
  ・××××
- 定時連絡
  ・××××
  ・××××
- ドライバーからの報告
  ・××××
  ・××××

事務所内での情報共有・活用
- 引き継ぎ
  ・××××
  ・××××
- 対応・対策・分析
  ・××××
  ・××××
- 人事・教育内容への反映
  ・××××
  ・××××

ドライバー自身の問題

ドライバー
- 職務能力
  ・運転スキル
  ・知識
- 生活のあり方
  ・健康
  ・親子夫婦等人間関係
  ・経済面
  ・食事・余暇（趣味）、時間

直前の心理状態
・イライラ、焦り、感情の起伏
・安堵感、気の緩み、集中力低下
・軽い気持ちでの運行

事故が起こりやすい状況設定の呼び込み

事故の発生

（2）業務プロセスの改善

　運行を行うためには、どのようなエリアで、どのような顧客に対して、どのような運行サービスを行うかといった企画開発があり、必要な営業活動を行っている。それに必要な車両を購入・管理し、人材を採用・教育し、運行計画を設定して、運行指示を行うことで実際の運行が行われる。これらを業務プロセスや作業（活動）に細分化した概念図が、次の内容である。

　運行管理という機能には、点呼という業務プロセスがあり、点呼はドライバーへの運行指示などの作業（活動）によってその目的を果たすことになる。

　点呼時のドライバーへの運行指示やそこでのコミュニケーションのあり方が、事故を減らすのに重要であるとよく言われるが、機能、業務プロセス、作業（活動）の観点に着眼すれば納得できる話である。点呼の内容が十分でなければ、運行管理が原因すなわち、事務所において事故が起こっているのである。

　マネジメントシステムの構築と運用、また目標を達成するための重点施策や基準・手順の見直しなどの着眼点はここにある。第5章で述べる小集団活動の改善テーマも、この観点が重要となる。

図表4－2－2　機能、業務プロセス、作業（活動）の関係

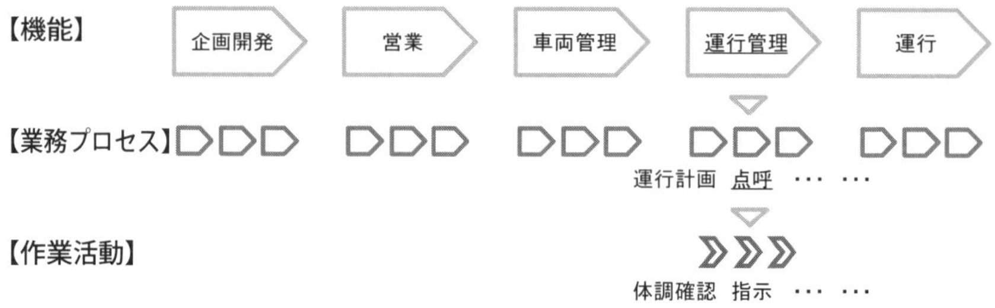

【機能】　　　企画開発　　営業　　車両管理　　運行管理　　運行

【業務プロセス】　▷▷▷　　▷▷▷　　▷▷▷　　▷▷▷　　▷▷▷
　　　　　　　　　　　　　　　　　　　　　運行計画　点呼 ････

【作業活動】　　　　　　　　　　　　　　　　》》》》
　　　　　　　　　　　　　　　　　　　　　体調確認　指示 ････

各機能の、業務プロセス、作業（活動）で、"事故が起きている"
運行だけで事故が起きているのではない
マネジメントシステムの管理、改善ポイントは、各機能の業務プロセス！

3 業務プロセス改善を実現する人の育成

（1）働く心と責任を果たす能力

　マネジメントシステムにおける業務プロセス改善は、役割（責任・権限）を決めただけで動くものではない。現場第一線で作業（活動）を行うドライバーや作業者自身の働く心と、それを管理し、指導する管理者層の責任を果たす能力がカギとなる。これらの「人材育成が並行する」ことで業務プロセスの改善が進んでいく。

（2）業務プロセス改善と人材育成の場づくり

　業務プロセス改善と人材育成を結びつけていく場は、毎日の仕事そのものにある。

① 日々改善し育成する

　例えばドライブレコーダーのデータを毎日チェックし、危険挙動があればドライバーに即座にフィードバックする。現在では、クラウドや通信・携帯電話などにより、ほぼリアルタイムで危険挙動を把握し、運行管理者とドライバーが確認できるしくみもある。その時、その場で改善、育成することも可能になっている。

　業務において確実な報告・連絡が行われ、情報システムにより確実な処理・分析が行われる。その情報が活かされ、改善につながるよう、教育により底上げしていく業務の流れが出来ている。業務とそれに伴う情報の流れと、教育のしくみがかみ合っていなければ、いかなる最新の情報機器やドライブレコーダー等も機能しない。このような毎日確実な実践を積み上げられる組織能力が、日々改善を可能にする。

図表4−3−1　日々改善に必要な人・業務・情報のしくみ

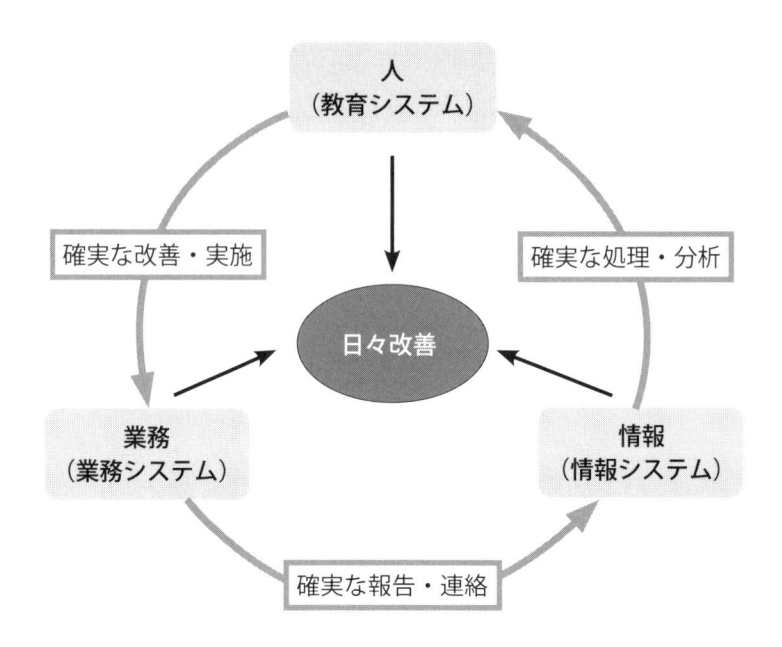

```
           人
       （教育システム）
              │
              ▼
確実な改善・実施      確実な処理・分析

    業務                    情報
（業務システム）    →  日々改善  ←  （情報システム）

          確実な報告・連絡
```

② 仕組みを構想する

　これらを構想するのが管理者層の役割である。先ほどのドライブレコーダーの危険挙動のような現場情報が、現場から管理者あるいは経営者まで一気通貫で報告・加工・共有され、即座の対応を可能にする。人、業務、情報をバラバラでなく、相互関係を認識し、具体化できる能力がマネジメントシステムの運用では欠かせない。

　通常、所長クラスの管理者でこれらを構想し、しくみを構築し、実行することができる人材がどのくらいいるだろうか。もし出来ないのならば、小規模な企業であれば経営者自らが、中堅以上の規模であれば役員クラスが、大手であれば支店長・部長クラスがこの役割を担い、実行しなくてはならない。

③ 安全から業務全般へ

　日々改善の基本となるテーマが安全である。安全を通じた日々改善を「やり抜く」ことが、環境の問題やコストの問題の解決にも関連してくる。例に挙げたドライブレコーダーによる危険挙動の徹底撲滅などは、業務の基準を定め、業務システム、情報システム、教育システムを回していく入り口である。これが日々改善できれば、燃費も品質に関する改善も生産性の向上も同じしくみで回すことができる。安全が日々改善のしくみをつくっていく。

（3）業務プロセス改善を通じた人材育成

　一般に営業所長クラスの管理者層は、既存の業務に対する受注・問合せ、配車・点呼、運行・報告など、個別業務の責任を負っている。しかし、それは顧客に対して一気通貫で責任を負うというよりも、現業で目の前のことが中心となる。そのため、事故に対する対策も、その運行業務や、それに関連する教育、運行管理業務への対策が中心となり、一歩進んでも、営業管理（運行計画等）にメスが入るところくらいまでである。

　本当の意味で、安全を実現し、マネジメントシステムとして対応するためには、業務単体の改善だけではなく、その顧客の業務（事故を起こした仕事）に影響するプロセス（機能）全体を通して、要因を把握し、原因を特定し、対策を考えなくては根本対策には行き着かない。目の前の運行管理者や運行管理や運行だけでなく、「基幹機能」に潜む問題を考えてみる、さらに視野を広げ、「支援機能」を考えてみることである。さらに遡り、安全文化やそのモトである経営目的も考えてみることである。

　事故を入り口に顧客に対して業務プロセス全般を考えさせ、責任を持たせることは、管理者層が自部門を超えた視点をもち、視野を広げることにつながる。顧客や事業に責任の持てる人材へと成長する入り口ともなるのである。安全を通して人が育ち、経営の機能を担える人材をつくっていくのである。

図表4－3－2　経営の基幹機能と支援機能の関連

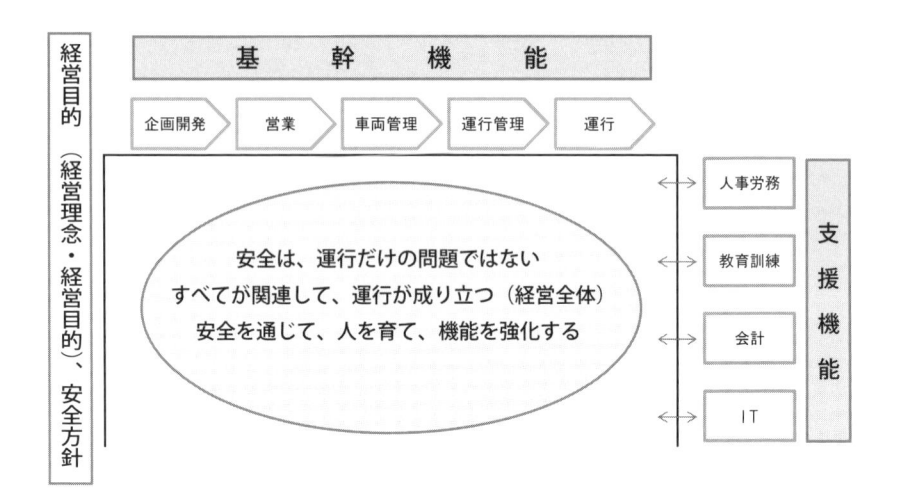

経営目的（経営理念・経営目的）、安全方針

基　幹　機　能

企画開発 → 営業 → 車両管理 → 運行管理 → 運行

安全は、運行だけの問題ではない
すべてが関連して、運行が成り立つ（経営全体）
安全を通じて、人を育て、機能を強化する

支援機能

- 人事労務
- 教育訓練
- 会計
- IT

COLUMN

IT・新技術の活用

　安全を追求していく上で、ドライブレコーダー、デジタルタコグラフなどの運行管理に係るIT機器の活用、衝突被害軽減ブレーキやふらつき警報などASV技術（先進安全自動車）の実用化が進んできている。

　また、人と道路と車両とを一体のシステムとして構築することによるITS（高度道路交通システム）についても、GPS（衛星測位システム）と運行管理に係るIT機器との連動、あるいはロケーションシステムや配車システムにおける活用も進んできており、運行の安全性・効率性の向上に活かされてきている。今後、自動車運送業界のさらなる事故件数削減に向けて、予防安全技術の開発・普及が期待されるところである。

　M社では、GPSと連動したデジタコ・ドラレコを導入し、安全性の向上、燃費の向上に加え、事務業務の効率化、給与システムとの連動、さらには運行工程の見直しによる稼働率・積載率・実車率の向上、顧客からの急な変更依頼への最適な配車対応などを目的に活用を図っている。過去の事故発生地点や危険箇所などを登録し、リアルタイムでアナウンスを流すこともできる。

　IT・新技術を活用するねらいについては経営者自らが構想し、安全を入り口に本業を深め、業務プロセス改善を行う構想を描いて取り組んでいることが特徴である。またこれを具体化するのは、IT部門（機能担当者）だけでなく、営業、運行管理などに関わる各部門（機能）の責任者、安全の責任者などである。自部門を超えて横断的に活用を検討し、実践に移す必要がある。経営全体を考えられる人材が不可欠となる。

4 マネジメントシステム構築・運用への取り組み方

　マネジメントシステムの構築・運用は、第3章の安全マネジメント診断の結果を受けて進めていく。その取り組み方は以下のとおりである。

　組織・人材診断の結果がD～Cの場合は、【基本レベル】「目で見る管理」を充実させることから取り組む必要がある。中堅や全国・大手レベルであっても、拠点別（営業所別）に見ると事故が多く、管理が行き届いていないところがある。事故が隠蔽されていたり、管理者に現場が見えていなかったりすることも多い。基本は、目で見る管理、現場との信頼に基づく双方向でのコミュニケーションができているか否かにある。

　組織・人材診断の結果がC～Bの場合は、【実践レベル】「部門・個人目標」への展開を充実させる必要がある。方針・目標について、部門別管理や個人別管理の徹底が必要となる。現場第一線の個人まで、目標を達成するための行動内容が落とし込まれているかがカギとなる。規模が大きくなると、行動内容に落とし込まれていても、実行のチェックが効いていないことがよく見られるので徹底が必要である。

　組織・人材診断の結果がB～Aの場合は、【革新レベル】「機能別に展開」させることに取り組む必要がある。営業、車両管理、運行管理、人事労務、教育訓練などの経営機能の観点から、方針・目標を達成させる取り組みを統合できているかが重要となる。例えば、安全目標が「交通事故率を前年より半減させる」ことであった場合、ドライバーの運行や

第4章 マネジメントシステムの構築と運用

営業所の運行管理だけでなく、営業・車両管理の面や、本社も関連した人事労務、教育訓練などの面からも施策を考え、統合する必要がある。

なお、小規模、中規模の場合、実践や革新への展開は、経営者自身が管理者やリーダー役、あるいは複数の経営機能を担当する。したがって、経営者による全体管理と行動革新がカギとなる。逆に考えれば、任せられる人材を育成していくことが、規模的にも成長していくことにつながるといえる。

図表4-4-1　規模別のマネジメントシステム改善への取り組み方

人員数 拠点数	【小規模】 〜30名〜 1拠点	【中規模】 〜150名〜 複数拠点	【中堅】 〜500名〜 地場に展開	【全国・大手】 1000名〜 支店が複数
診断結果D〜C ⇒【基本】 目で見る管理	全ての事故が報告され、双方交流できているか？ 目で見る管理、信頼に基づくコミュニケーションが基本			
診断結果C〜B ⇒【実践】 部門・個人目標		個人まで実行内容が落とし込まれているか？ 部門別・個人別管理、小集団活動の実践		
診断結果B〜A ⇒【革新】 機能別に展開		経営者による全体管理 と行動革新	機能別に統合されているか？ 中核人材、専門人材の育成	

（注）診断結果の考え方は第3章参照

(1) 基本レベルの取り組み方

　目で見る管理は、組織規模に関係なく、営業所管理の基本となるものである。全ての事故が報告されているか、事務所とドライバーとは双方向でコミュニケーションができているか、信頼関係が築かれているかがポイントになる。

　基本レベルのマネジメントシステムにおいて、PDCAに取り組む流れは、次の通りである。

　　P：現場の実態を知る（経営者が現場を回るスケジュールを設定する。ここで言う経営者には、社長のほか、安全統括管理者や事業部長・支店長なども含まれる）。運転・作業だけでなく、出勤の仕方、点検の仕方、点呼の仕方、教育・指導の仕方、面談の仕方など「実態を実際に見る」ことが大切である。

　　D：経営者自身が目で見て、話を聞いて、問題が何かを感じる（経営者自身が問題を示せなければ、管理者層以下には、問題が問題として認識されない）。そのことに対して経営者自身が営業所長などと一緒に率先垂範の行動見本を示す（こうやれば良くなるという答えを示す）。全ての事故を報告させるしくみを作る。

　　C：経営者や管理者が期待しているイメージと実態の現場との差異を確認する。基準となる他社・他営業所の好例と比較することで認識を共有する。

　　A：実態の事故率をもとに目標を立てる。運転・作業の仕方、報告の仕方についてルールを見直す。

　大切なことは、「目線を合わせる、問題を問題として認識する」ことである。まず、経営者自身が、問題が何かを具体的に掴むことである。そして、点呼でも運行でも、ドライバーへの指導の仕方でも、何が問題なのか、経営者が期待している水準とどこが違うのかを、まずは営業所長や運行管理者と目線を合わせることである。これを繰り返して行うこ

第4章　マネジメントシステムの構築と運用

とにより、期待水準に近づけて行くことが目で見る管理のポイントになる。これが出来なければ、次のレベルである、部門・個人目標へ展開する方針管理は、実行力がないものとなってしまう。

図表4－4－2

【基本レベル】目で見る管理

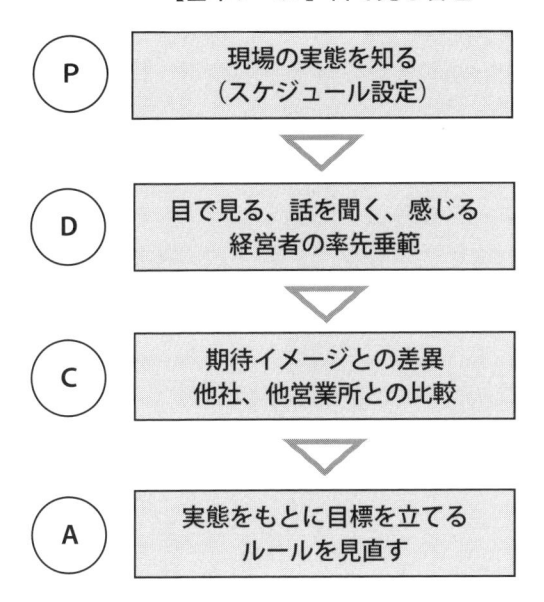

- P: 現場の実態を知る（スケジュール設定）
- D: 目で見る、話を聞く、感じる　経営者の率先垂範
- C: 期待イメージとの差異　他社、他営業所との比較
- A: 実態をもとに目標を立てる　ルールを見直す

(2) 実践レベルの取り組み方

　マネジメントシステムの構築・運用を、形を通して身に付けていく実践段階は、全社の目標を、部門・個人目標へと展開していくことになる。突き詰めれば、「現場第一線の一人ひとりが、毎日何を実行すれば良いのか」が分かっていることにある。

　ここに、次の章で述べる小集団活動が生かされてくる。個人では理解し実践を継続することが困難なことも、小集団で仲間と一緒に取り組むことが効果を挙げる。その経験の中から、組織に共通の考え方や行動のしかた（文化）が生まれてくる。

　実践レベルのマネジメントシステムにおいて、PDCAに取り組む流れは、次の通りである。

　　P：全社目標を部門へそして個人へ落とし込む。この時大切なのは業務プロセスや作業（活動）で何を目標にして何を取り組むか具体化することである。例えば、後退事故を半減させるという目標に対して、運行面でドライバーが取り組むこと、運行管理や車両管理で事務所が取り組むこと、顧客との関係で営業が取り組むことなどである。

　　D：具体的な業務や作業内容を改善するためには、個人ではなく小集団で取り組むことが効果的である。営業所ミーティング、チームミーティングなどの場を設けて取り組んでいく。この時に問題となるのが、メンバー構成であり、メンバー同士の意思疎通が図れるか、リーダー役が居るかである。これについては、第5章で述べる。

　　C：目標と取り組むことが具体化されたら、それを日々把握するしくみづくりが必要となる。いわゆる見える化である。最初は月単位、週単位でも良いが、日々把握しないと後手を踏むことになる。さらにはリアルタイムに把握できることが目標となる。

A：目標と実績、行動基準（ルール）と実態についての差異を把握・分析し、対策へとつなげる。この責任を持てるかが、組織・人材診断で述べた"責任能力（レスポンシビリティ）"である。やることが分からない、分かっていてもやらない、やっても結果が出ないなどを管理者、リーダー（およびメンバー）ごとに把握して、丁寧な対応・指導が必要となる。

　実践レベルで大切なことは、「日々管理のしくみを作る」ことである。この前提が目で見る管理にあることは先に述べたとおりである。目標を立てても、立てっぱなしになるのは、日々管理のしくみができていないことにある。これを考えるのが所長の役割であるが、所長ができない場合、部長や社長がフォローする必要がある。これを放置していては、部門・個人管理のしくみはいつまで経っても機能しないからである。

図表4－4－3

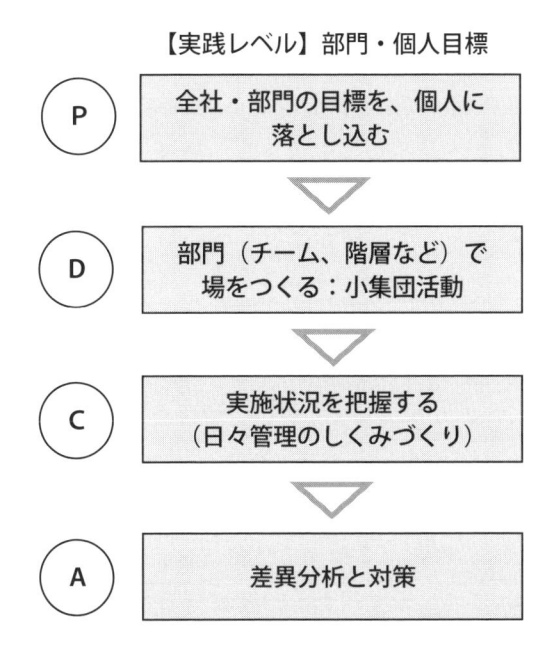

【実践レベル】部門・個人目標

- P：全社・部門の目標を、個人に落とし込む
- D：部門（チーム、階層など）で場をつくる：小集団活動
- C：実施状況を把握する（日々管理のしくみづくり）
- A：差異分析と対策

（3）革新レベルの取り組み方

　マネジメントシステムの運用について、形が身に付き、さらなるレベルアップを図る革新段階は、全社－部門－個人という縦の流れだけでなく、機能（営業、車両管理、運行管理、人事労務、教育訓練、会計など）と組み合わせて展開していくことになる。ここまで来ると、安全を超えて、生産性向上、顧客満足などもマネジメントシステムの範囲となってくる。

　顧客やサービス別に、安全、生産性、顧客満足などを具体的なデータをもとに把握し、それを向上させていく段階となる。これを顧客開拓、サービス開発、さらには事業開発に戦略的な活用を図ることが目標となる。

　革新レベルのマネジメントシステムにおいて、PDCAに取り組む流れは、次の通りである。

　　P：極限といっても良いくらいまでの改善目標を設定し、達成していく。そのためには、営業、車両管理、運行管理、人事労務、教育訓練などにおける全ての業務プロセスを見直し、相互に調整が必要となる。例えば、顧客別、ルート・エリア別などのサービスの質（安全、時間、コスト、接客など）が目標となる。

　　D：小集団活動をベースとしながらも、職種単位での取り組みだけでなく、営業～運行、また人事労務、教育訓練、会計なども責任の範囲として、顧客に対して一気通貫で責任を持てる中核人材の確保と育成がカギとなる。経営者自身が構想し、中核人材を巻き込んでいく。またデータを分析できるスキルも身に付ける必要がある。

　　C：日々管理のしくみをベースとして、事実に基づくチェックがポイントになる。業務プロセス、作業（活動）の指標（KPI：重要業績評価指標）を明確化し、データ分析を徹底して行う。

　　A：業務プロセス、作業（活動）の指標（KPI：重要業績評価指標）についてベンチマークし、差異分析を行って対策と次の

目標を設定する。改善のサイクルは日々改善を目標とする。

革新レベルで大切なことは、「基本を修練し実践を継続する、そして構想する」ことである。目で見る管理で土壌を固め、部門・個人目標の管理でしくみを確立し、それを繰り返し取り組み、マネジメントシステムと組織・人材を修練することにより、顧客やサービス開発につながるマネジメントシステムの構想が生まれてくる。

図表4－4－4

【革新レベル】機能別に展開

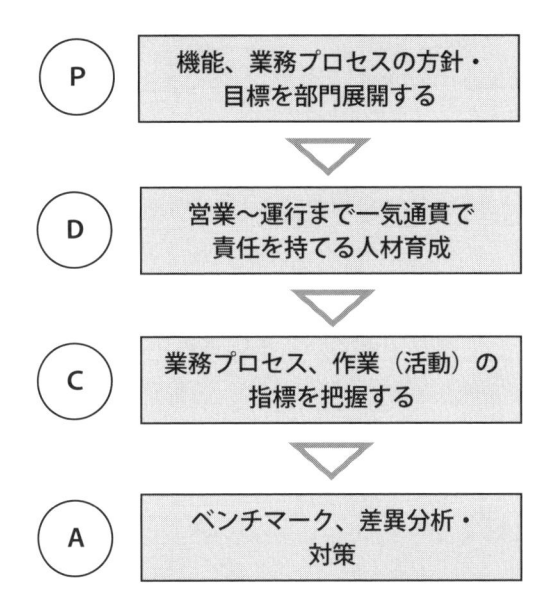

P	機能、業務プロセスの方針・目標を部門展開する
D	営業〜運行まで一気通貫で責任を持てる人材育成
C	業務プロセス、作業（活動）の指標を把握する
A	ベンチマーク、差異分析・対策

COLUMN

ISO39001、運輸安全マネジメント、安全性認定制度

　自動車運送業の安全に関わる審査登録・認定・評価制度を比較したものが以下の図表である。単なる認定等のためだけでなく、上手に活用することで、安全管理を高めることができるものである。

　自動車運送事業者としては、法律に基づく義務（努力義務）である運輸安全マネジメントが基本であり、マネジメントシステムの基本が盛り込まれている。

　また、自動車運送業だけを対象としたものではないが、審査登録制度としてのISO39001が道路交通安全マネジメントシステムとして近年発行された。ISOでは9001（品質マネジメントシステム）や14001（環境マネジメントシステム）があり、その目標や施策において安全を対象にして取り組んでいる事業者も少なくない。この他、陸上貨物運送事業労働災害防止協会では、労働安全衛生マネジメントシステムの普及推進を図っている。

　この他に、マネジメントシステムではないが、トラックでの安全性優良事業所認定制度（Gマーク）、貸切バスでの安全性評価認定制度がある。

　上記のような認定制度とは違うが、タクシー業界では、東京の法人タクシー事業者を対象として、接客・安全・法令順守に関して、優良な事業者等を公表している。

第4章 マネジメントシステムの構築と運用

図表4－4－5

自動車運送業の安全に関わる主な審査登録・認定・評価制度

項目	ISO39001	運輸安全マネジメント	安全性優良事業所認定制度（Gマーク）	貸切バス事業者安全性評価認定制度
形式	審査登録制度	評価制度	評価認定制度	評価認定制度
認定・評価機関	日本適合性認定機構	国土交通省大臣官房運輸安全監理官	全日本トラック協会（国土交通省より指定）	日本バス協会（国土交通省より指定）
対象事業者	道路交通安全に関わる全ての組織	鉄道・海運・航空・自動車の4モード	トラック運送事業者	貸切バス事業者
適用義務	なし（取得は任意）	法律に基づく義務（努力義務含む）	なし（取得は任意）	なし（取得は任意）
審査の対象となる単位	単位の設定が可能（A支店のみ等）	法人単位	事業所単位	法人単位
制度の売り	グローバルスタンダードであるため、取得すれば海外でも安全に対するプロセス管理を導入していることをアピールできる	ISO9001をベースに策定された仕組みであるため、プロセス管理を自社に導入できる	日本経済団体連合会（経団連）において、運送事業者の選定基準となっている	平成23年度より開始。バスの車体や名刺に「SAFETY BUS」マークを表示することにより、認定事業者であることをアピールできる

（参考）公益社団法人全日本トラック協会では、中小事業者のために、運輸安全マネジメントと労働安全衛生マネジメントシステムを包括（融合）したガイドブックを会員事業者向けに作成・公開している。具体的なフォーマットも示され、リスクアセスメントについても簡単に実施できるようになっている。

COLUMN

国土交通省の企業風土分析ツール

　国土交通省　国土交通政策研究所より、『安全に関する企業風土測定ツール』が発表されている（2011年6月29日プレスリリース）。企業の安全に対する考え方や取り組みが現場の従業員に至るまでどの程度浸透しているかを運輸事業者自らが測り、その結果を活用して改善に結びつけるためのツールである。

　『安全に関する企業風土測定ツール』における調査票は、以下の考え方を基本として、5つの領域と14の区分からなる58の設問で構成されている。

　責任や権限、手順書やマニュアルを取り決めて、それを周知・教育するだけでは組織は動かないのは周知のとおりである。この調査票では、組織に共通の思考・行動パターンを形成されてくること（統一的性格＝企業性格）が必要であり、そのためには、1）経営目的が確立・浸透しているか、2）中核となる管理者が育成されているか、3）現場における意思疎通の「場」は活性化されているかが重要であり、これらを通じて、社員の共通の思考・行動を醸成する必要がある、とされている。

　「職場における積極心」の領域では、基本行動、職務、人間関係への意識を問う領域であり、日本創造経営協会の「ＫＤ－Ⅰ調査」の項目・考え方が採用されている。

第4章 マネジメントシステムの構築と運用

図表4－4－6 国土交通省の「安全に関する企業風土測定ツール」
安全に関する企業風土測定ツールの5領域と14区分

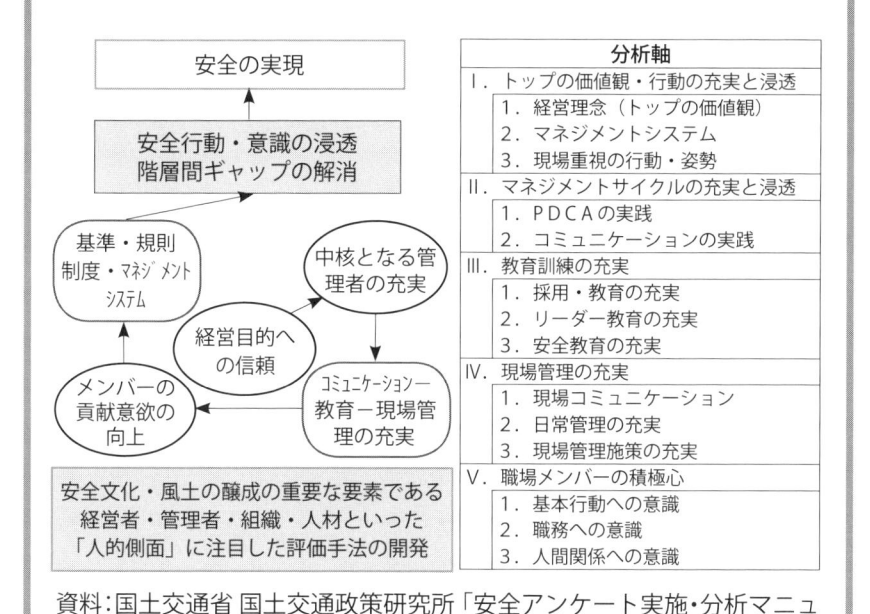

[図：左側に「安全の実現」を頂点とした関係図、下部に「安全文化・風土の醸成の重要な要素である経営者・管理者・組織・人材といった『人的側面』に注目した評価手法の開発」]

左図の構成要素：
- 安全の実現
- 安全行動・意識の浸透 階層間ギャップの解消
- 基準・規則・制度・マネジメントシステム
- 中核となる管理者の充実
- 経営目的への信頼
- メンバーの貢献意欲の向上
- コミュニケーション－教育－現場管理の充実

分析軸
Ⅰ．トップの価値観・行動の充実と浸透
1．経営理念（トップの価値観）
2．マネジメントシステム
3．現場重視の行動・姿勢
Ⅱ．マネジメントサイクルの充実と浸透
1．PDCAの実践
2．コミュニケーションの実践
Ⅲ．教育訓練の充実
1．採用・教育の充実
2．リーダー教育の充実
3．安全教育の充実
Ⅳ．現場管理の充実
1．現場コミュニケーション
2．日常管理の充実
3．現場管理施策の充実
Ⅴ．職場メンバーの積極心
1．基本行動への意識
2．職務への意識
3．人間関係への意識

資料：国土交通省 国土交通政策研究所「安全アンケート実施・分析マニュアル」より作成

第5章

小集団活動の展開

　小集団活動は、マネジメントシステムの実行計画を実現する受け手となるべきものである。それだけでなく、小集団という"場"を通して、"5人に一人のリーダーづくり"と、文化（価値観、行動様式）を根づかせることができるものである。そのためには、単に安全に対する施策や業務の改善を進めるだけではなく、遂行する管理者の責任能力（期待に応えてやり抜く力）を高め、リーダーづくりを通して集団性格を高めることに意識的に取り組むことが重要となる。安全への意識や行動、仕事のしかたの向上（安全文化の醸成）を図る人づくりの内容を組み込むことが、小集団活動の本来持つ意義を発揮させるカギとなる。

　小集団活動は現場だけの取り組みではない。現場でメンバー編成をして、事故の削減や業務の改善を行うだけでは、事故防止にとどまってしまう。これらは運送業で陥りやすい問題点である。

　安全マネジメントにおける小集団活動は、マネジメントシステムと関連して、経営者層、管理者層、リーダー層、現業層の全てで取り組むものである。そのために"ペアシステムによる人づくり"を活動に組み込む。人づくりの小集団活動として、経営体質を高める活動へと発展させていく取り組みである。

　この章では、上記の考え方に基づいて、安全から始まる自動車運送業における小集団活動のレベル、取り上げるテーマのポイント、進め方（導入の仕方、レベルアップの仕方）を述べていく。

11
小集団活動の基本的な考え方

（1）人づくりの小集団活動の特徴

　小集団活動を、経営体質を高める活動に発展させていくためには、土壌づくり（小集団の基盤づくり）→安全向上・業務改善活動→経営革新へと段階を追ってレベルアップさせていく必要がある。そして、これに先行して（並行して）レベルアップしなければならないのが、集団性格とペアシステムによる5人に一人の人材育成（責任能力の向上）である。小集団活動はKD-I調査で測定される企業性格に応じて取り組み内容を充実させていくことが必要である。

　本書で述べる小集団活動は、「安全」を入り口として「人」の開発、「文化」の開発、「システム（仕組み）」づくりの開発を同時にすすめていく体系的アプローチである。

（2）組織性格の向上

　5人に一人のリーダーづくりを入り口として、企業性格レベル「自立性企業」を目指すことが第一ステップとなる。小集団活動を継続しても、企業性格の高まりがなければ、活動は形骸化する。また、現場任せの小集団活動であることや、事故防止にとどまっている小集団活動であることも形骸化の大きな要因である。

（3）小集団活動のレベル

　小集団活動のレベルは、第3章の組織・人材診断結果との関係で次のようになる。

　レベル3を定着させ、これを超えた活動に進んでいけるかが、小集団

活動が真価を発揮し、マネジメントシステムの充実に結びつくかの分岐点となる。特に、中堅・中小自動車運送業では、このレベル3を超えるチャレンジが他社との差別化ポイントとなる。

図表5-1-1　小集団活動のレベル

	診断結果D～C ⇒レベル1	診断結果C～B ⇒レベル2	診断結果B～A ⇒レベル3
	土壌づくり	安全向上・業務改善活動	
	2～3年	3～5年	
ポイント	「土壌」の改良が必須（大手・中小共通） 5人に1人のリーダー作り改善は上から	ベンチマーク（よい事例から学ぶ） スキルを具体化（運行・作業、管理）	事実に基づく改善 安全から品質、効率、CSへ 部門を超えた調整 顧客など社外との調整も必要
改善活動 ・テーマ	集まる 話を聴く、そして伝える	問題の発見ができる 業務の善し悪しが分かる	日々改善を習慣化する
・目標	現場との信頼関係作り	事故・クレーム削減に向けた業務改善 運行・作業のスキル改善	経営管理（諸制度）の強化 運行効率、原単位・指標の改善（生産性・顧客満足）
・実施内容	経営者自ら一通り取り組む 基準創造行動 事務所内の事故防止	点呼、点検、運行・作業、報告、整備、採用、教育、管理等の改善	マニュアル、標準・基準に基づく改善業務システム、情報システム、教育システムの構築
・スキル	改善ストーリー	問題の分類、ブレーンストーミング、KJ法	IT活用、データ分析、原因分析、業務プロセス分析
組織 ・組織化 （ペアシステム）	経営者＋幹部層	管理者＋リーダー	リーダー＋メンバー
・企業性格	自立準備性中の下 （～44点）	自立準備性中の上 （44～55点）	自立準備性の上 ～自立性企業 （55点～71点）

※レベル3の先は、小集団活動を超えて、経営革新への取り組みとなる。部門連携のプロジェクト（レベル4）、サービス・事業開発の経営革新チーム（レベル5）へと展開する。
（注）診断結果の考え方は第3章参照

（4）レベル1「土壌づくり」の内容

> **Step1 コミュニケーションがとれる（話ができる関係をつくる）**
> Step2 問題発見力が向上する
> 　　　（仕事の善し悪しがわかる、あるべき姿がわかる）
> Step3 問題解決が習慣化する
> 　　　（自ら高い目標を設定でき、日々の活動が問題解決）

　現場レベルでは、「集まること」ができることを目指す。しかし、何よりも大事なのは、まずは経営者層が問題を共有化し、同じ場で学び、コミュニケーションをとり、「改善は上から」の決意を固めることからである。

　このステップの特徴は、現場に求める前にまずは経営者層、管理者層が足元を見直すことから行うことである。また、経営者層自身が、自分がどう見られているかを知る必要がある。組織の風土を変えていくための基本的な考え方を学ぶ。現場レベルでは、「集める」ことに加え、「聴く」作業から行う。

　また、「規律」がない中で教育はできない。組織化を行う場合、「規律」がない中では、知識やスキルは害にもなりうる。「基準創造行動」の意義を知り、実践を通じ、創造者への第一歩を歩み出すのがレベル1「土壌づくり」である。

（5）レベル2「安全向上・業務改善活動（問題発見、ベンチマーク）」の内容

> Step1 コミュニケーションがとれる（話ができる関係をつくる）
> **Step2 問題発見力が向上する**
> 　　　**（仕事の善し悪しがわかる、あるべき姿がわかる）**
> Step3 問題解決が習慣化する
> 　　　（自ら高い目標を設定でき、日々の活動が問題解決）

　STEP.1で、信頼関係及び、規律が浸透することで土台ができる。ここで初めて教育が生きてくる。ベンチマークより学び、他責ではなく自責で考えることを教え、自分達はどうするかを考える。スキルとしてブレーンストーミングを活用する。

　基準行動の意義が理解され、教育ができる土壌ができている。良い悪いを見極める。小集団活動を通じ、改善ストーリーに習熟する。標準、基準を設定する。また、「サービス業」であることを徹底して考え、実践できる段階になる。

　業務システムにおいては、基本的な管理の見直しを行う。「積小為大」「凡時徹底」が安全、品質、差別化の基本であることを徹底するのがレベル2「安全向上・業務改善活動（問題発見、ベンチマーク）」である。

（6）レベル3「安全向上・業務改善活動（日々改善、経営管理強化）」の内容

> Step1 コミュニケーションがとれる（話ができる関係をつくる）
> Step2 問題発見力が向上する
> 　　　（仕事の善し悪しがわかる、あるべき姿がわかる）
> **Step3 問題解決が習慣化する**
> 　　　（自ら高い目標を設定でき、日々の活動が問題解決）

　現場をグループ管理（班など）し、リーダー（班長）との協調を高めながら実施する。リーダー中心の活動に移行する。業務においては、日々の業務改善に取り組んでいく。朝礼での確認や、業務日報の作成など運行管理が活動の中心となる。そして、安全に直接関係のある業務だけでなく、「安全」という切り口で、企画開発、営業、採用・教育、人事・労務といった他の業務についての、幅の広い問題解決に取り組んでいく。小集団活動は、最終的には、リーダー（班長）を中心に行えることが目標となる。日々の業務改善で必要な考え方を学び、原単位管理、生産性の改善に取り組んでいくのが、レベル3「安全向上・業務改善活動（日々改善、経営管理強化）」である。

2 小集団活動の進め方

(1) 階層別役割と組織編制

　小集団活動を運営する基本的な組織は、トップミーティング、管理者ミーティング、リーダーミーティング、チームミーティングである。特徴的なことは、経営者層が小集団活動に取り組むことから始めることである。次に管理者層（事務所中心）、そして現業職（リーダー層、現業層）へと展開していく。現業職で小集団活動を行うために、リーダー教育を先行する。現業まかせではなく、経営者層から小集団活動へ取り組むことが組織展開のポイントである。

図表5－2－1　小集団活動の組織展開

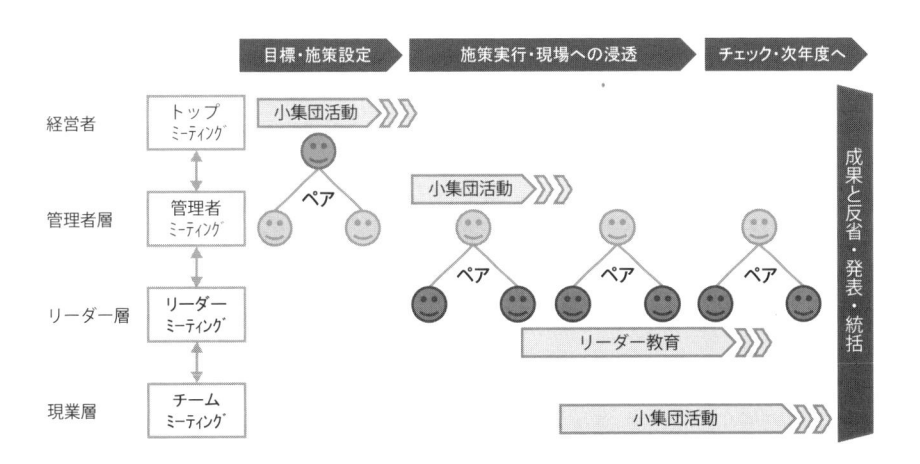

（2）5人に一人のリーダーづくり

　小集団ミーティングのリーダー役となる5人に一人の人材育成を行う。ペアを編成し、成長への期待事項の伝達や活動の指導を行うと同時に、問題点や悩みを聴く。

　一方で日常の業務の中では、スキル等と違い、メンバーのやる気や志の高さといったものは、教えることはなかなか難しい。改善の芽は個々の中に必ずあるが、これは他人が言っても掘り出せない。自ら気づくというプロセスが必要なのである。

　そこで、5人に一人のリーダーづくりに活用するのが「創造経営教室」である。ここでは、各自が自分自身を客観的に見つめなおすことで、自己改善の入り口に導く場を提供している。この研修の事前事後で、社長や上司面接を行うことが、ペアシステムのスタートである。ペアシステムでは、普段の業務や小集団活動での取り組みと重ね合わせて、研修で設定した「創造への誓い」を定期的にフォローしていく。

（3）小集団活動の内容

　小集団活動の内容は、どの階層であっても、①メンバーの自己改善（基準創造行動等）、②メンバーによる業務改善（事故削減に向けて等）の2つになる。特に、企業性格診断（組織・人材診断）の結果が低い場合には、自己改善を先行しないと、他責や批判が蔓延したり、表面的なミーティングになったりと、実のある運営が難しくなることが多い。

①メンバーの自己改善（基準創造行動から）

　安全運転と作業、環境や周囲と関係性などは、メンバー相互の信頼感と組織への帰属意識、家庭における生活行動に大きな影響を受ける。したがって、メンバーは自己改善、基準創造行動から取り組む必要がある。

※基準創造行動とは、1人1人が自然のリズムや社会の秩序に主体的に

第5章　小集団活動の展開

適合し、かつ人間の本能生理に則した、自然人としての基本的な生活行動である、1）気づきと挨拶、2）早起きと認識即行動、3）約束と計画、4）報告・連絡・相談、5）整理・整頓・清掃・清潔である。

図表5－2－2　基準創造行動

次の表は、基準創造行動チェック（要約版）である。メンバーの取り組みが、プラス2点からマイナス2点のどのレベルにあるのかを客観的に把握するものである。

図表5－2－3　基準創造行動チェックリスト（要約版）

		評価基準	第1回	第2回	第3回
(1)	朝の起き方				
	目がさめたらパッと起きる（自然順応型，西郷隆盛型）。	2点	点	点	点
	目がさめてもしばらく床のなかにいる。	1点			
	目ざまし時計や，誰かに起こしてもらって起きる（機械依存型）。	0点			
	まず床の中で一服しないと起き上がれない（一服型）。	▲1点			
	目がさめても、時間までギリギリ布団の中にいる（逆算型）。	▲2点			
(2)	出勤時間				
	始業30分より早く出社して計画，清掃など有効に使っている。	2点	点	点	点
	始業20分より早く出社している。	1点			
	始業10分より早く出社している。	0点			
	始業5分より早く出社している。	▲1点			
	始業ギリギリに出社し，ときどき遅刻もある。	▲2点			
(3)	職場での挨拶				
	誰に対してもきちんと明るく挨拶している。	2点	点	点	点
	出来るだけ挨拶するように努力している。	1点			
	礼儀なので必要な範囲で挨拶している。	0点			
	時々挨拶している程度である。	▲1点			
	知らんぷりしている。	▲2点			
(4)	接客に対する意識（荷扱いに対する意識）				
	心をこめて接し，感謝の心を忘れない。	2点	点	点	点
	感謝をし，丁寧な対応をしている。	1点			
	丁寧な対応をしている。	0点			
	時々感謝を忘れ，丁寧な対応ができないことがある。	▲1点			
	感謝の心もなければ丁寧にも対応しない。	▲2点			
(5)	時間に対する意識				
	時間は必ず守り，車両も大切に取り扱っている。	2点	点	点	点
	時間は必ず守っている。	1点			
	時間を意識しているが、結果が伴わないことがある。	0点			
	時間に対する意識が低い。	▲1点			
	時間を守れないことがある。	▲2点			

(6)	約束を守る工夫				
	必ず、メモ・手帳に記入し、毎朝確認する。	2点	点	点	点
	出来るだけメモを取るようにしている。	1点			
	メモを取ったり取らなかったりで時々忘れる。	0点			
	特に約束を守る工夫はしていない。	▲1点			
	約束などにしばられたくない。	▲2点			
(7)	報告に対する意識				
	指示に対する報告に加え、気づいたことも報告している。	2点	点	点	点
	指示に対する報告は、必ずその日のうちにしている。	1点			
	決められた報告をしている。	0点			
	たまに報告し忘れることがある。	▲1点			
	指示がない限り報告しない。	▲2点			
(8)	日報のつけ方				
	日報記入には規定の内容の他、気づいたことも記入をしている。	2点	点	点	点
	誰が見ても分かるように、丁寧に記入している。	1点			
	日報を必ず書いている。	0点			
	日報を書いているが、記入内容がマンネリ化している。	▲1点			
	日報の書き忘れや書き漏れがある。	▲2点			
(9)	車両の清掃・洗車の取り組み				
	毎日車両の清掃、洗車を行っている。	2点	点	点	点
	車両の清掃、洗車を努力している。	1点			
	見える範囲の清掃に努力している。	0点			
	車両の清掃、洗車に消極的である。	▲1点			
	車両の清掃、洗車は、自分の仕事ではないと考えている。	▲2点			
(10)	機械・車両等の点検				
	機械・車両等の始業点検を実施し、日々挨拶をしている。	2点	点	点	点
	日々機械・車両等の始業点検を実施している。	1点			
	機械・車両等の点検を心がけている。	0点			
	思いつきで機械・車両等の点検をしている。	▲1点			
	機械・車両等の点検がルーズになっている。	▲2点			
	合計得点		点	点	点

②メンバーによる業務改善（事故削減に向けて等）

　業務改善は、職場における基準創造行動の実践と、本社・事務所の事故を減らすことからスタートするのが良い。事故といえば、運転中の事故がイメージされるが、本社や事務所でも事故は起こっている。このような本社、事務所で起きている事故に対して問題解決できる組織になることで、現場で起こっている事故をなくすことができるようになる。

a）連絡・報告

　情報の伝達漏れや不正確な伝達は、本社、事務所で起こる事故の典型的な内容である。報告が行われない、漏れる、誤った情報が伝えられることで、例えば事故やクレームといった問題に対し、対応が遅れてしまうことで輪をかけて事態を悪化させてしまう等が挙げられる。このような事故に対処していくためには、情報伝達のルール作りや報告しやすい環境作り、メンバー間の基本的な意思疎通の改善などが求められる。

b）点呼

　点呼で伝達すべきことが伝わっていないことも事故といえる。伝えるべきことが伝達されていないことで事故やクレームといった問題へと発展するケースもある。実質的な点呼の手順や内容が決まっていない、伝える内容が人によって違うような個人任せの点呼になっているなど様々なことが考えられる。

c）整理・整頓

　整理・整頓は、高い問題意識を持っていなければ、「問題である」ということにも気づかない場合が多い。整理・整頓が不充分であることは、必要な書類が必要な時に取り出せないなど業務効率が低下したり、当人が不在の場合に対応出来ないなどといった問題へと発展して

いく。一人で仕事をしているのならばよいが、各人が自分の基準で仕事をすることにつながるため、職場全体の生産性は大幅に低下する。

d）挨拶

挨拶の事故というと、イメージしづらいかもしれないが、挨拶は信頼関係を作る第一歩である。挨拶を徹底することは「気づき」を高めることにつながる。周囲の気配りや変化に気づくことの入り口が「挨拶」である。顧客サービスとして、「お客様の立場で」等を謳う会社は多いが、本社や事務所内での挨拶もできない会社では、顧客に対しての気づきの度合いも高まらないであろう。また、本社や事務所内で積極的に挨拶が行われない職場では、顧客との間で挨拶しないことや対応が悪いといったクレームにも発展しかねない。また、現場と事務所でのコミュニケーションができないことで、意思が伝わらない傾向もあるだろう。

③組織体制と役割

小集団活動の運営組織の基本形は次の通りである。メンバー編成は、組織・人材診断、個別の面談やKD調査の結果なども踏まえて検討する。

図表5−2−4　小集団活動の運営体制（基本）

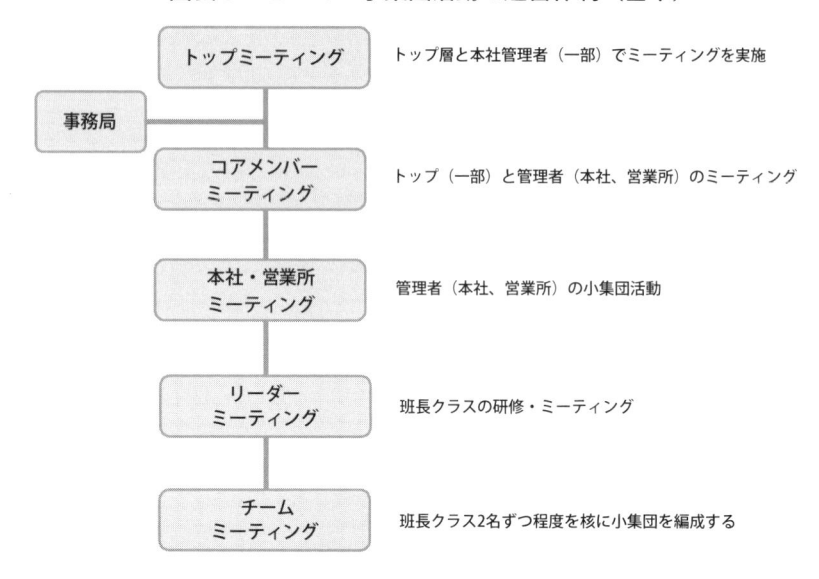

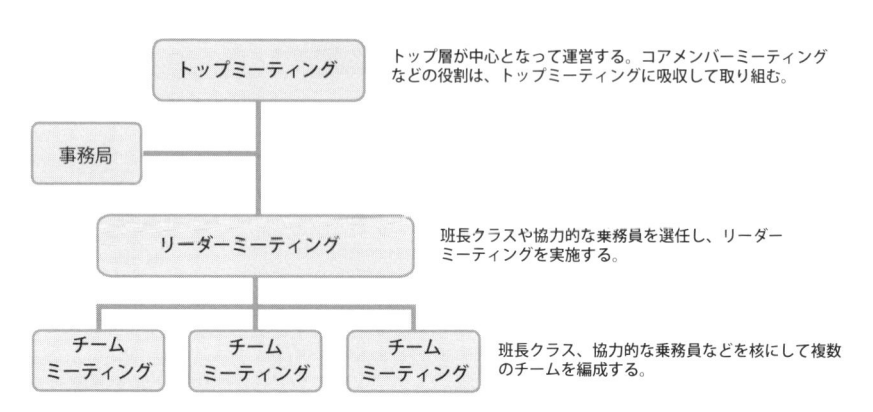

- トップミーティング　　トップ層と本社管理者（一部）でミーティングを実施
- 事務局
- コアメンバーミーティング　　トップ（一部）と管理者（本社、営業所）のミーティング
- 本社・営業所ミーティング　　管理者（本社、営業所）の小集団活動
- リーダーミーティング　　班長クラスの研修・ミーティング
- チームミーティング　　班長クラス2名ずつ程度を核に小集団を編成する

図表5−2−5　小集団活動の運営体制（従業員20人規模の運送事業者の例）

- トップミーティング　　トップ層が中心となって運営する。コアメンバーミーティングなどの役割は、トップミーティングに吸収して取り組む。
- 事務局
- リーダーミーティング　　班長クラスや協力的な乗務員を選任し、リーダーミーティングを実施する。
- チームミーティング　チームミーティング　チームミーティング　　班長クラス、協力的な乗務員などを核にして複数のチームを編成する。

図表5−2−6　小集団活動の運営体制
（従業員150人規模の運送事業者の例）

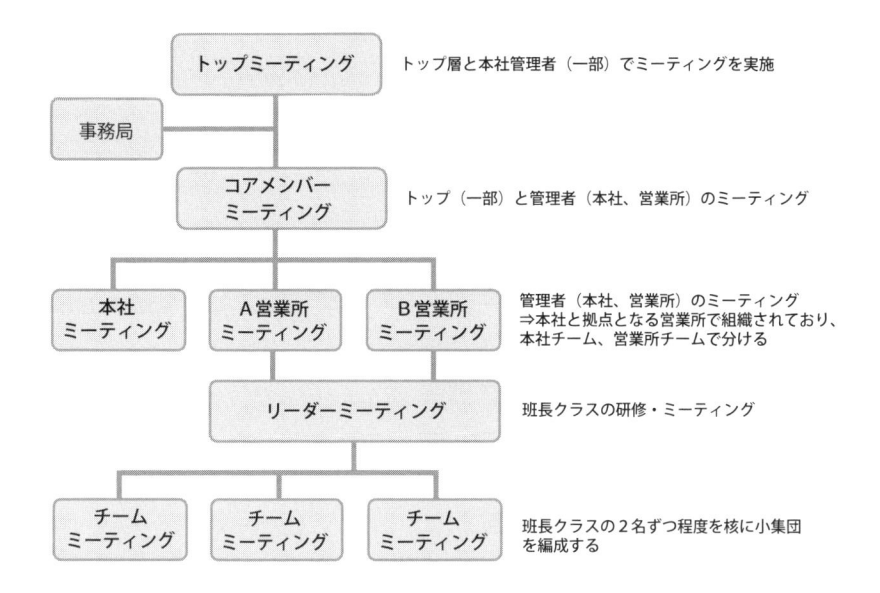

```
                    ┌──────────────┐
                    │ トップミーティング │  トップ層と本社管理者（一部）でミーティングを実施
                    └──────┬───────┘
    ┌────────┐         │
    │ 事務局 │─────────┤
    └────────┘         │
                    ┌──────────────┐
                    │ コアメンバー     │  トップ（一部）と管理者（本社、営業所）のミーティング
                    │ ミーティング     │
                    └──────┬───────┘
        ┌──────────┬──────┴──────┐
    ┌───┴───┐ ┌───┴───┐  ┌───┴───┐   管理者（本社、営業所）のミーティング
    │本社    │ │A営業所 │  │B営業所 │   ⇒本社と拠点となる営業所で組織されており、
    │ミーティング│ │ミーティング│  │ミーティング│   本社チーム、営業所チームで分ける
    └───────┘ └───┬───┘  └───────┘
                    │
                ┌──────────────┐
                │ リーダーミーティング │  班長クラスの研修・ミーティング
                └──────┬───────┘
        ┌───────────┼───────────┐
    ┌───┴───┐ ┌───┴───┐  ┌───┴───┐    班長クラスの2名ずつ程度を核に小集団
    │ チーム │ │ チーム │  │ チーム │    を編成する
    │ミーティング│ │ミーティング│  │ミーティング│
    └───────┘ └───────┘  └───────┘
```

a) トップミーティングの役割
  ・基準行動研修と実践、改善ストーリー・技法の習得を目的としたトップ研修の開催
  ・経営者層が取り組む小集団活動（設定したテーマに対する取り組み）
  ・プロジェクト体制の組織化とフォローアップ

b) コアメンバーミーティングの役割
  ・営業所ミーティングの推進支援
  ・リーダー研修の推進（内容・スケジュール等の設定、意見の吸い上げが中心）

- 事故真因に基づく事故分析報告とミス・ロスパフォーマンス指標の改善

c) 営業所ミーティングの役割
- 基準行動研修と実践、改善ストーリー・技法の習得を目的とした管理者研修の開催
- 小集団活動の実施（設定したテーマに対する取り組み）

d) リーダーミーティングの役割
- 基準行動研修と実践を目的とした班長研修
- チームミーティングの実施状況報告、トップミーティング・営業所ミーティングの取り組み報告
- 各種会議からの報告・伝達

e) チームミーティングの役割
- リーダー研修、各種会議などの報告・伝達
- 運転技能のチェック

3 小集団活動の手法

(1) 改善ストーリー

何事にもルールがあるように、問題解決にもルールがある。どんなに難しい問題でも、このルール（改善ストーリー）に沿って考えていけば、誰でも、比較的やさしく改善策を作ることができる。

図表5－3－1 改善ストーリー

No.	ステップ	実施事項
1	問題点の発見	現在までの状況ばかりでなく、これから予想されることや職場の今後の計画など、色々な面から検討して、解決すべき問題や達成すべき課題を出来るだけ具体的な表現で洗い出す
2	問題点の絞込み	洗い出した問題を「重要性」、「緊急性」、「予想効果」、「上司方針」などの視点から評価して、取り組む問題の候補を絞り込む
3	テーマの選定	選出しランク付けされた問題点の中から、優先度の最も高い問題をテーマとして取り上げる
4	現状把握	現状を客観的に冷静な目で正確に見るため、現状の悪さ加減を数字で表す
5	目標設定	目標とは、改善の効果がどの水準まで達成されなければならないかを示す数値であり、あるべき姿をにらみながら、時間的な制限及びと丹生で切る人、資金その他の制約条件を検討して決める
6	要因分析	要因を洗い出し、特性と要因との関係を整理し、真因を掴む
7	処置対策	目標達成可能と思われるアイデアを出来るだけ多く出し、その中から期待効果で評価して有効な方策を選び出す
8	改善活動	選定した対策案の各実施事項について、日程や役割分担を含めた実行計画を作り、計画に沿って改善活動を実施する
9	効率の確認	目標の達成度や副次効果を確認する。これと合わせて、活動を通じてサークルや個人がどのように達成したかも確認する
10	歯止め（標準化）	効果が元に戻らないように、効果のあった対策を維持・管理する方法について検討し実施して、さらに効果が持続しているかを確認する
11	反省・今後の課題	今後の活動のために今回の活動の反省を行い、また、遣り残した問題・課題などを明確にして、今後の対応に活かす。このステップは、サークル活動のレベルアップにつながる大事なステップである。

(2) 運送業における問題点の発見
① 問題のタイプ

　自動車運送業において問題解決というと、トラブル処理や課題・懸案事項の解決を連想する場合が多い。しかし、これ以外にもいくつかのタイプの問題解決が存在する。

図表5－3－2　問題のタイプ

すでに問題が	問題のタイプ	内容	解決の具体例
発生している	トラブル対応型	突発的に発生し、現状に大きな不具合を与えている。実行に緊急性が伴う。	事故処理対応、クレームへの対応、コンプライアンス違反への対応 等
発生している	慢性問題型	トラブルほどの緊急性はないものの、明らかに理想的な姿と現状にギャップがある。日常の忙しさに追われ、放置されがち。	業務プロセスの改善、班活動等への参加意識向上、組織風土の改革 等
発生していない	予防安全型	問題を引き起こしそうな潜在的なリスク要因。事前に処置を施し、その発生を未然に防ぐ。	業務プロセスの改善、現場パトロール、車両・設備の点検・メンテナンス、顧客への定期訪問 等
発生していない	改善機会追求型	現状に甘んじず、よりよい状況を目指すタイプの問題。	業務プロセスの改善、接客サービス向上、生産性向上、コスト削減 等
―	テーマ回答型	心掛りな命題（テーマに対応する問題解決）への回答。上記4タイプ全てで発生する。	A案、B案のうち、有効な方法の採択。コミュニケーション向上のアイデア出し、等

これらのうち、テーマ回答型は、その他4つのタイプ全てで発生する。

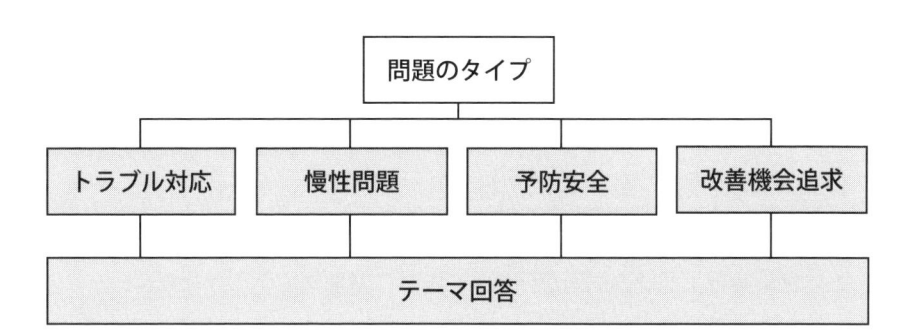

図表5－3－3　問題のタイプの関係

```
                    問題のタイプ
    ┌──────────┬──────────┬──────────┐
トラブル対応   慢性問題    予防安全   改善機会追求
    └──────────┴──────────┴──────────┘
                    テーマ回答
```

　大切なことは、トラブル対応型、慢性問題型、テーマ回答型のみならず、予防安全型、改善機会追求型も強く意識することである。そもそも問題が起こらないようにすることや、さらに高いレベルを目指して現状を改めていくことが、組織や個人のレベルアップには欠かせないからである。

②対策実行のタイプによる分類

　問題点といっても、解決の手順は異なる。「改善ストーリー」はあるが、あくまで基本形であり、活動をまとめ、共有する際にこの流れでまとめるとわかりやすい、くらいに捉えておく必要がある。実務上、この手順通りに問題解決が進むことは稀であり、現実的でない。また、すべての問題点に対して、これらの項目全てが必要なわけではない。問題解決のタイプにより、取り組む項目を取捨選択することが必要である。

　例えば、ある車両の洗車が出来ていないなどは、即実行すればよい内容であり、目標設定や要因分析などは必要ない。また、逆突事故が多発

している場合などは、原因分析を時間をかけて実行するよりも、経験値から考えられる対策を即座に実行し、その効果を確認しつつ原因を明らかにする場合もある。

さらに、全車両にドライブレコーダーを導入するというようなテーマは、大きな投資を伴い、経営判断が必要とされ、小集団活動で取り扱うような日常の改善業務の範疇を超えるものといえる。

【対策実行のタイプによる分類】
a）即解決（すぐに実行できるもの）
b）施策実行（問題の原因が分かっており、解決策も明らかな場合）
c）対策先行（問題の原因が分からないので、それらしい要因に手を打つためにまずは対策の実行を先行し、後に原因を確定する。試行錯誤型）
d）課題達成（目標、あるべき姿を目指し、改善ストーリーに従い対策を明らかにし、取り組む）
e）要経営判断（小集団活動レベルでは、費用が多くかかる等により判断、意思決定できないもの）
f）その他

③ テーマを選定する

上記のように、問題点、そして解決のための実行策にはいくつかの種類がある。改善ストーリーにおける入り口である「問題点の発見」、「問題点の絞り込み」、「テーマの選定」においては、すでに起きている問題、緊急性はないが理想的ではない状態を改善する場合、問題が起きそうな点への対策、より高い状態を目指すための取り組みなど多くの視点より列挙したい。

そのための方法として、以下の様な点があげられる。

> a）業務プロセス分析やリスクアセスメントといった仕事の手順より
> b）ブレーンストーミングを活用して、各人の問題意識より
> c）目標の達成度や管理データ、事故データ等の分析より
> d）他社の優良事例（ベンチマーク）との比較より

a）では仕事のプロセス、手順を明確にすることで、問題点を発見する。管理すべき項目が明らかになっているか、実行しているか、有効かなどの視点で問題点を取り上げる。必要に応じデータ取りも必要になるであろう。

b）では、各人の問題意識と、相互に意見交換する中でアイデアを誘発しながら挙げていく。アイデアの発散にはよいが、問題点の抽出法として活用する場合には、偏った意見とならないよう、メンバー構成への配慮が必要になる。

c）では、現状の目標の達成度合いや管理データにより、問題点を発見する。事故データなどを例に挙げると、事故件数だけでなく、事故率、発生場所、発生時間、ドライバーの特性などを掘り下げることでよりより具体的な問題点の抽出へつながる。

d）は、改善機会の追求等の視点で、他社の優良事例等を用いて、自社の現状と比較する。自社内では慣習で良しとされていたことが、他社と比較することで問題点が浮き彫りになる等のメリットがある。

(3) ミーティングのしかた（ブレーンストーミングのコツ）

　ブレーンストーミングとは、集団でアイデアを出し合うことによって相互交錯の連鎖反応や発想の誘発を期待する技法である。小集団活動における問題点の洗い出し等でも用いられるが、より創造的なアイデアが求められる場面でも、しばしば活用される。ブレーンストーミングには正しい1つの手順があるわけではないが、多様で面白いアイデアを多く引き出すためには、コツがある。

図表5－3－4　ブレーンストーミングのコツ

段階	項目	内容
①準備	1）環境	・ホワイトボードや模造紙を使用。また、付箋に記入して貼り付ける方法でも良い。 ・立ちながら行ったり歩きながら行うと思考力が高まる。（参考）
	2）参加者	・小集団で行う場合には、班のメンバーだが、より望ましいのは、異なる視点とテーマに対して専門性を持っているメンバーが集まること。 ・最終的に結論を出すメンバーと、アイデアを出すメンバーは同じである必要はない。
	3）テーマ設定	・テーマが広すぎでも狭すぎても有効な答えが導き出せない。 ・テーマの表現の違いで、出てくる意見の量や質は変化する。 例）「構内での逆突事故防止のために何をするべきか」 　　　　↓ 　　「ドライバーが常に逆突事故防止に積極的に取組むようになるために、我々はどんな行動がとれるか」
	4）その他	・議論を刺激するようなものを置くこともポイントである。 例）事故防止⇒事故の写真や記録を周囲に並べて実施するなど。
②実施	1）基本ルール	・批判をしない。 ・自由奔放な意見を大事にすること。 例）Aさん「○○というアイデアはどうでしょうか？」 　　Bさん「いいね！ここをこうするともっと良くなりそう！」 ・質より量。 例）「とりあえず100個アイデアだそう。」と量の目標を決める。 ・アイデアの便乗を歓迎すること。
	2）考えの記録	・ホワイトボードや模造紙に書きながら行う。 ・各自が付箋紙とペンを持ち、気づいたことはその場で書きとめるなども有効である。 ・マインドマップなどの手法を活用しても良い。
	3）時間のかけ方	・一連のアイデアが出尽くすのに必要な時間が目安である。 ・短ければ10分程度でも良い。長時間行うのは集中力などの面から望ましいとは言えない。
③おわり方		・結果を記録しておく（ホワイトボード、模造紙、付箋紙など）。写真を撮ることも良い。 ・発言を要素ごとにグループ化しておくと、その後の会議等で具体化していくのに有効である。 ・アイデア出しが重要だが、アイデアを評価して終わっても良い。

（4）データの収集方法

現状把握や、要因分析のためのデータ取りのために、データの収集が必要になることがある。運送事業者における小集団活動では、現状把握や効果測定というと、すぐにアンケート調査と考える人も多い。しかし、以下の表のように現状を把握する手法は複数ある。テーマや問題点に応じ、使い分ける必要がある。

図表5－3－5　現状把握の方法

No.	項目	内容	メリット	デメリット	表現方法
1	データ分析	過去あるいは現在取得しているデータを用いて特徴を掴む。	・実データからトレンド、バラツキがわかる。 ・データによっては時系列、他社比較などが可能。	・データ自体がない場合、自ら取得しなければならない。 ・ある程度の統計知識がなければ、数値に惑わされる。	・事故・クレームなどの個別の報告書及び統計データ ・用途に沿って分析し、グラフ・図表を作成。
2	アンケート	調査目的に応じ、特定の専門家、関係者などから一定の質問項目についての意見を求める調査方法。	・意見を直接耳にすることができる。 ・アンケート手法によって、費用、回収率、質問数、調査期間に違いがある。	・目的や対象者、質問項目が明確でないと無駄に終わる。また、その設定に時間がかかる。 ・アンケート手法によって、費用、回収率、質問数、調査期間に違いがある。	・回収率、有効回答数、回答者の特徴などの調査結果の公表 ・質問項目ごとの相関関係、仮説の裏づけとなるデータの公表など
3	観察・視察	対象者や対象の現場を実際に人が観察したり、あるいは撮影するなどして、現場の実態を捉える。	・一次情報が入手でき、間接的な報告とのズレを認識できる。 ・問題意識を共有できる。	・対象者への理解の促進・観察することへの許可を得なければならない。 ・しばしば労力と時間がかかる。	・観察結果を文字情報に起こす。 ・撮影結果を共有する。
4	ヒアリング	対象の現場で働いている人に直接話を聞く。	・誰のフィルターも通っていない一次情報を入手できる。 ・現場の経験から生まれた知恵、勘所、対象者の問題意識などを把握できる。 ・仮説を立てるための指針を得られる。	・調査者が少ない場合、サンプル数が少なくなる。 ・しばしば労力と時間がかかる。 ・調査者のヒアリング能力に依存する。 ⇒予め、質問内容、聞き方などを決めておく必要がある。	部署別、職種別、勤続年数別など、層別にしてズレを明らかにする。
5	監査・確認	各種規制、社内規程など予め定められた遵守すべきルールや規範に照らし、実際の業務やその成果物がそれらに則っているかどうかを、客観的な第三者が監査対象に応じて適切な手法を用いて検証する。	・あるべき姿との違いが明確になる。 ・規制、社内規定の見直しにつながる。	・ルールや規範がない場合は比較できない。	・ルールや規範、標準作業と実態を比較できるよう一覧にする。

※5の「監査・確認」は3の「観察・視察」の一部に含めてもよい

（5）問題点の発見とKD－Ⅰ、KD－Ⅱ
① 問題解決は問題点の発見から
　問題点の発見を的確に行う原点は「より良くしていこう」というマインドにある。大切なことは各人の問題意識（気づき）の向上である。そのためには、各人に日常の職場活動の中で、何が重要なのか、方針や目標の達成度への関心やこだわりを持ち、より向上しようという意識をもたせることが大事である。

　問題発見、問題解決とKD－Ⅰ、KD－Ⅱは大きく関係している。KD-Ⅰ得点は自己を取り巻く環境への関心の度合いを示し、KD-Ⅱは責任を果たしていく能力を示す。問題を問題だと認識でき、その解決のために周囲の協力を得ながら、自分のこととして取り組む行動特性がこの2つの診断で測定できるのである。

② 良否の判断が出来るとは
　良否の判断が出来るとは、どのようなものなのであろうか。まず始めに管理者あるいは、リーダーが自らを律することができる、すなわち自己管理がきちんと出来るかに基本がある。自己管理が出来ない管理者やリーダーは、問題に対して甘えたり、手を打てないなど判断基準や行動基準が甘くなる。自己管理力は、基準創造行動の実践を通して身に付けていくと効果的である。自己管理の次は、物事への判断基準を持っていることである。基準を持つためには、普段から会社の方針、目標、手順への関心はもちろん、自らの課題に対して目を向けた生活を行なっていることが重要である。職場における問題解決を推進していくためには、その裏側に自己改善へのたゆまぬ努力が必要である。その裏付けが、職場の目標の達成意欲や対策実行における信念や自信につながるのである。

4 小集団活動の取り組み事例

(1) 貨物運送事業者の事例

　M社は自車年商6億円、大型車を中心に約40車両を保有する貨物運送事業者であり、ドライバーは40名である。事故率の推移は以下の通りであった。

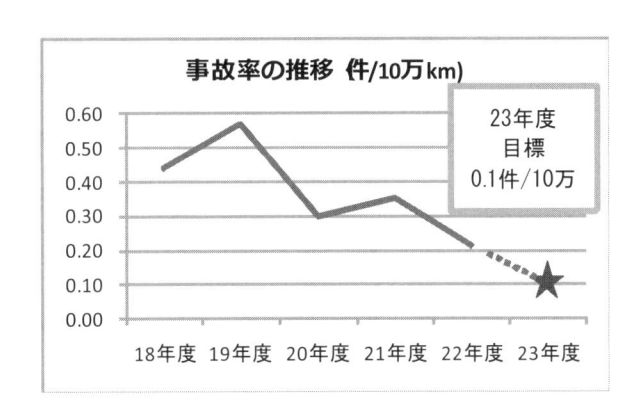

図表5－4－1　M社の事故率の推移

事故率の推移 件/10万km)

23年度
目標
0.1件/10万

	18年度	19年度	20年度	21年度	22年度
事故率	0.44	0.57	0.30	0.35	0.21
事故件数	17	21	11	13	8

事故率：件/10万km、事故件数：件
事故件数の定義：路上および構内走行中に発生した、対人、対物、自損事故（軽微な接触事故も含む。但し過失割合0の被害事故、荷物破損のみの事故は除く）

18年度、19年度に事故が多発し、その事故の内容を分析してみると、年齢が低いドライバーが半分、それに加え、10年に以上勤続しているベテランドライバーが事故を起こしていた。3年前より、教育制度自体を見直す方針として以下を打ち出し、改善活動を行ってきた。

---

① 　新人教育制度の全面見直し
② 　ベテランドライバーの能力棚卸と再教育
③ 　次世代班長層の育成
④ 　管理者とドライバーのコミュニケーションの改善

　方針を打ち出した当初は、管理者の班会議（小集団活動）の現場巡回、ベテランドライバーの行動改善、点呼時のコミュニケーションや個人指導が行われた。上記の取り組みから3年経過し、上記のとおり事故率は改善してきた。

　M社では、経営者自らが健康管理、挨拶などの基本行動を率先して取り組んでおり、ドライバーにまで浸透し、当たり前のこととしてできるようになっている。また、T社の「朝礼」は外部から見学を申込まれる水準であり、他社の模範となるようなものであることなど挨拶等、基本行動の指導が徹底されている。朝礼や点呼等でも形やその意味など常に教え続ける取り組みが継続されている。

　教育訓練については、経営者自身が採用に熱心であることや、新人教育制度を3年前に見直し、充実させており、会社の考え方を理解してもらう形を重視している。知識やスキル面だけでなく、他のドライバーとの交流や自分自身の生活の在り方を振り返る外部研修をとりいれるなど、「立派な家庭を築き、社会に貢献する」というM社の理念を具体化する内容となっていることがあげられるであろう。

第5章 小集団活動の展開

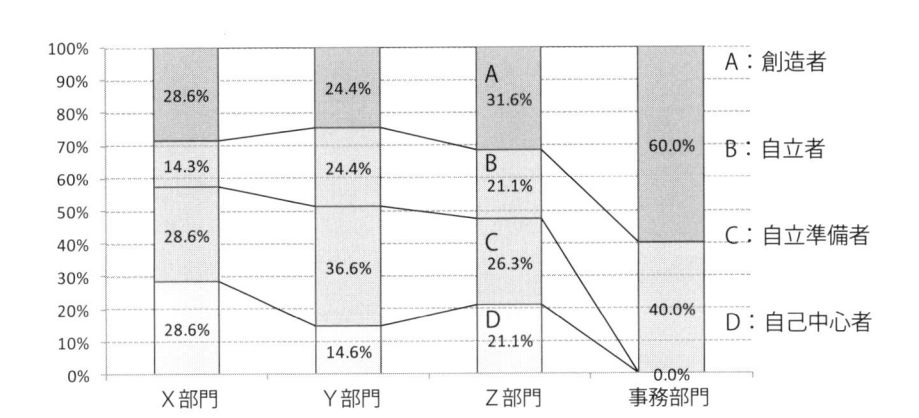

図表5－4－2　M社のKD－I調査（質的構成）の部門比較

	X部門	Y部門	Z部門	事務部門
A：創造者	28.6%	24.4%	31.6%	60.0%
B：自立者	14.3%	24.4%	21.1%	0.0%
C：自立準備者	28.6%	36.6%	26.3%	40.0%
D：自己中心者	28.6%	14.6%	21.1%	0.0%

　KD－I調査に基づく、各部門の創造者の割合を見てみる。どの部門においても20％を超えており、意思疎通のしやすい組織であることがみてとれる。これはM社が当たり前のことを当たり前に実施できる組織づくりを徹底してきたことの表れといえる。3年前の教育制度の充実が事故の削減に結び付いてきたことも、人、文化、システムに配慮したマネジメントを実践してきたからこそと考えられる。

（2）旅客運送事業者の事例

　A社は、年商約27億円、約100車両、従業員数200名の旅客運送事業者である。事故率の推移は以下の通りである。

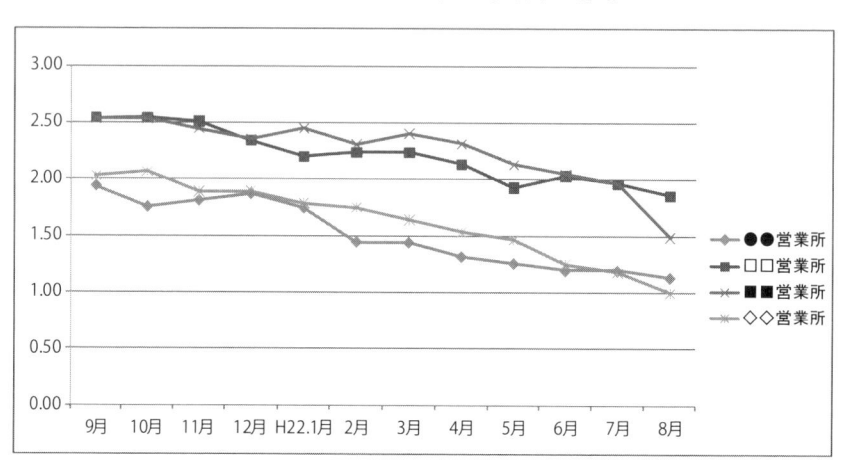

図表5－4－3　A社の事故率の推移

　自動車運送だけでなく、海運、航空など様々なモードにおいて重大事故や大きな事故につながり兼ねないミスなどが多発し、メディアなどでもクローズアップされていた時期に、A社でも重大事故が起きてしまった。このことが、安全マネジメントを充実させることに取り組むきっかけとなる。この重大事故の以前より、2006年に制定された運輸安全マネジメントに加え、ドライブレコーダーの導入や外部専門家による添乗、事故統計の収集などに取り組んでいた。しかし、事故、ミス・クレームが減らない（減っても元に戻る）、という問題を抱えていた。その中でも重大事故の発生であった。

　事故率は1.0件／10万kmを超えていた。安全に関する取り組みや教育も熱心に行ってきたがそれ以上に減らないと悩んでいる中、小集団活

動へ挑戦した。

　小集団活動導入には、一般的にドライバーが集まるということの難しさや新しい取り組みが受け入れられないとう文化の面から見た難しさがある。Ａ社でも同様であったが、経営者の事故を減らしたいという強い思いのもとに事故半減を目指し、経営者から率先して小集団活動に取り組んできた。

　組織の現状を把握するためにＡ社では企業性格診断を実施した。その結果、"寄生的集団"「個人あっての集団」「リーダー不在」「経営者の意思を下部に伝えるのに苦労する」というレベルであった。そして、以下の３ヵ年計画で企業性格の向上と事故・クレームを防止に取り組んできた。

●第１期　職場活性化の土壌作り
　・経営者の率先垂範　・管理者の行動見本と基本動作の徹底
　・職場内のコミュニケーションの向上　・接客マナーの向上

●第２期　事故・クレームの削減
　・運転スキルの改善　・事務所の業務改善　・経営計画とのリンク
　・ミス・ロスの改善活動　・コストの削減

●第３期　小集団活動の質の向上
　・業務プロセスの改善提案　・お客様満足度の向上
　・職場目標・計画が達成できる創造活動　・新たなサービス開発
　・お客様から選ばれる会社

　取り組みは、まずは、現場に求める前に、経営者、管理者の行動見本「事務所内の事故防止」からスタートした。活動を成功させるためのキーワードは以下の通りとした。

> ①まずは事務所内事故の撲滅から
> ②経営者自身が行動見本となる
> ③上が変われば、下も変わる

　現場へチームミーティング（班制度）を導入したのは半年後である。最も苦労したのが、やはり、ドライバーを「集めること」であった。シフトの調整など、経営者、管理者が一体となり、ドライバーの協力をもらい、相互コミュニケーション、現場の小集団での不満・要望を受け止めることからスタートすることで、事故率を減少させることにつながった。

　営業所で取り組んだテーマは、乗務員への挨拶の仕方からスタートし、情報共有を目的として、ドラレコデータを加工してチームミーティングでフィードバックを行う取り組み、コースごとに注意喚起の資料を作成して点呼時に個別に意識付けを図るなど、小集団活動への取り組みを重ねることにより、高度なテーマへとステップアップしている。

　また、小集団活動の裏側では過去に取り組んだテーマのフォローアップや乗務員のスキル向上に焦点をあてたプロジェクトを進めてきた。過去に取り組んだテーマは、活動が一区切りされると元に戻ってしまう問題が生じたことからプロジェクトによるフォローアップをスタートした。また、スキル向上、どのようなスキルが不足し、どのように指導すれば良いのかを個人別に明らかにすることにより同乗指導への活用を開始している。

　現場のリーダーを加えたリーダーミーティングでは、開始当初はまずは不満や要望事項などに耳を傾け回答していくことが中心であった。回数を重ねるに連れ、チーム単位やチームメンバー一人ひとりが安全に対しての目標を設定し実践状況を共有した。また、不満や要望ではなく現場の最前線で仕事をしている視点から安全につながる取り組みの提案が出てくるなど、少しずつではあるが安全に対する意識の変化がみられる

ようになった。

　チームミーティングについては、不満が噴出するなど開始当初は苦労して進めてきた経緯もある。リーダーが粘り強く働き掛けてきたことで定着が図られてきている。チームのメンバーがミーティングで設定して取り組んでいる目標は、例えば以下のようなものがある。

・営業所前の一時停止（出入口）信号機のない横断歩道では歩行者優先厳守
・横断歩道手前では停車して歩行者が渡るまで確認して通過する
・何事も無理をせず励行し体調管理を期し事故防止に努める
・右左折時ミラー確認の徹底
・イエローストップ運動（黄色信号で止る）

　まだ取り組み経過ではあるが、10万km当たりの事故率は当初2.2件／10万kmから0.8件／10万kmまで大きく減少するといった結果につながった（軽微な接触事故など全ての事故を含めている）。

　この小集団活動の運用にかけた労力は、確かに多大なものであるが、コスト面以上に地域の中で生かされる企業となる為に、トップから現場までが顧客視点に立てる旅客運送事業者目指し、取り組みを続けている。

第6章

安全文化を生み出す人づくり

　運送業の人材育成は、安全の実現を通じて行うのが実践的である。
　しかし、ドライバーや管理者などを対象に、職種別や階層別の安全に関する研修を行うことや、手当や罰則など人事制度面から安全意識を高めようとするだけでは、期待した効果が上がらないのが現実ではないだろうか。
　安全を極限まで追求し、その実現を図るには、第4章でみたように、マネジメントシステムにおける目で見る管理、部門目標管理・個人目標管理、さらには機能別管理の展開が必須となる。さらにこの裏側には、本章で述べる、管理者やドライバーに"願いをかけて育てるペアシステムの運用"、"願いに応える責任能力（レスポンシビリティ）の開発"が必要である。人づくりは、安全に関連した人事制度や教育訓練などの"横糸"に対して、"縦糸"を織り込むことではじめて実現する。すなわち、経営者から創る「人材育成の連鎖」である「ペアシステム」を通じて、人間性や責任能力を開発することが縦糸であり、職務能力を高める人事制度や教育訓練が横糸として編み込まれることで、職場に共通の考え方や行動のしかたが根づく。その結果、異なる行動基準を持った新人を採用しても、自然と染まっていく風土ができるのである。

11 安全文化を生み出す人づくりの基本的な考え方

(1) 経営者とその理念

　これまでみてきた安全マネジメントの体系、それを実現していくマネジメントシステムや小集団活動には人づくりが欠かせない。人づくりの根本は、経営者自身が従業員をどのように見ているか、どうなってもらいたいかという価値観（従業員観）にあり、経営者として「何を目的に経営をしているのか」に深く関連している。

　経営者が、短期売上・利益中心で、安全よりも売上を優先して、利益がでると信じている、経営者自身が目先の仕事に追われている、現場の情報に疎く、「任せている」という名のもとの放任・無責任な状態であれば、安全は現場の責任でしかなく、いつまでたっても事故は減らない。悪循環により経営は衰退し、自力での経営は難しくなり、いずれは廃業や転業を余儀なくされる。

　これに対して、安全を徹底していくことが、コストにも、環境にも、顧客満足にも良いと、経営方針で一貫し（本音と建前でない）、安全が経営目的となり（安全性＝社会性、環境性、経済性が一体化している）、そのことを通して顧客、地域社会からの信用が高まるような経営姿勢を貫き通せるかが、現在の運送業界で生き残る分岐点である。人としくみの創造性で競争力をつけていく入り口となる。中堅中小企業であれば、この対応をスピーディに行えることが目に見えない強みとなる。

　安全マネジメントの目標は、地域社会・業界への貢献（その実行力と使命が高まる）、信用蓄積により、選ばれる会社になること、顧客、地域社会と連携した事業運営やマネジメントが具体化するレベルになるこ

と、新たなサービスや事業の構想が生まれてくることである。経営者がこのような構想を持つことが安全から始まる経営革新の展開につながっていく。

（2）マネジメントシステム、小集団活動を実現する人と組織づくり

　マネジメントシステムにおける目で見る管理、部門目標管理・個人目標管理、さらには機能別管理の展開には、経営者だけでなく管理者の育成が欠かせない。また、その中で小集団活動を展開していくためには、5人に一人のリーダーを育て、安全向上と業務改善を遂行できる人材を育成する必要がある。

　経営者、管理者層（上級管理者、管理者）、リーダー層、現業層において、マネジメントシステムの構築と運用、小集団活動で期待する役割は次の通りである。

　経営者（社長の他、取締役クラスの中核人材）は、部門を超えた調整、顧客など社外との調整、経営管理（諸制度）の強化を図ることが主な役割となる。

　上級管理者（部長、所長クラス）には、管理者の5つの役割が期待される。業務管理、業務改善、人材育成、組織活性化、情報の創造（日々改善のしくみづくりなど）である。中小規模の事業者の場合、社長にこの役割を期待されることが多い。

　管理者（所長～運行管理者）には、「基礎的な管理活動」が期待される。業務や作業における問題点の発見及びその改善、また班長などのリーダーが小集団活動やメンバーの指導を行うことへの支援が役割となる。この経験を積ませることが、上級管理者の5つの役割を担うことにつながる。

　リーダー（事務所業務での主任、ドライバーの小集団における班長など）は、まず自分自身の運行・作業において率先垂範で行動見本を示す

こと、班員とコミュニケーションを図ること、小集団のチームミーティングを開催することなどが役割となる。

図表6－1－1　階層別の人材育成

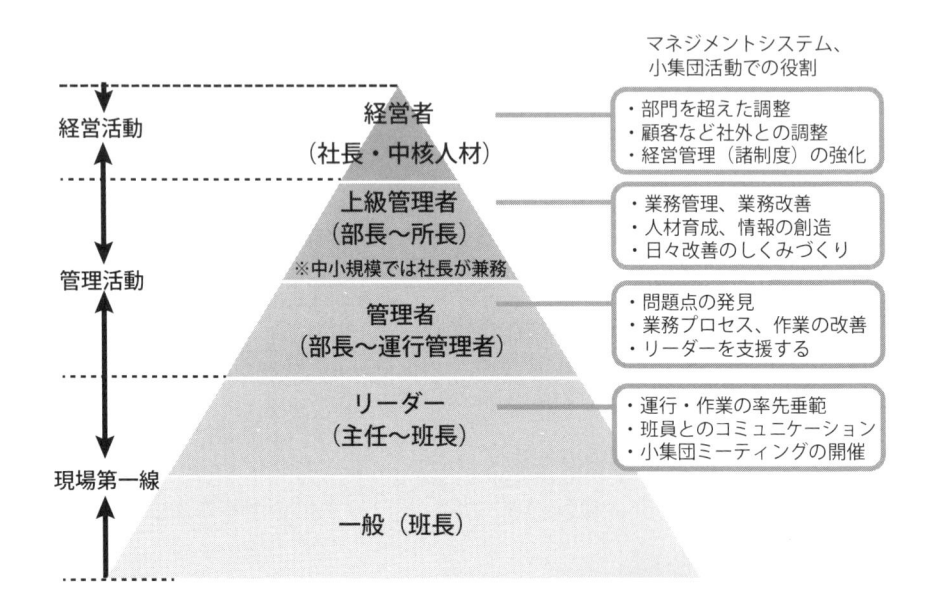

マネジメントシステム、
小集団活動での役割

経営活動
- 経営者（社長・中核人材）
  - ・部門を超えた調整
  - ・顧客など社外との調整
  - ・経営管理（諸制度）の強化

管理活動
- 上級管理者（部長～所長）
  ※中小規模では社長が兼務
  - ・業務管理、業務改善
  - ・人材育成、情報の創造
  - ・日々改善のしくみづくり
- 管理者（部長～運行管理者）
  - ・問題点の発見
  - ・業務プロセス、作業の改善
  - ・リーダーを支援する

現場第一線
- リーダー（主任～班長）
  - ・運行・作業の率先垂範
  - ・班員とのコミュニケーション
  - ・小集団ミーティングの開催
- 一般（班長）

第6章　安全文化を生み出す人づくり

　人材育成や教育訓練というと、現業職や管理者などを対象に、職種別や階層別の安全に関する研修を行うことが多い。また、手当や罰則など人事制度面から安全意識を高めようとする取り組みも良く見られる。しかしこれだけで、安全意識を継続して向上させ、安全マネジメントや小集団活動を担うような人材が育つかといえば、なかなか思うようにいかない。

　安全文化を生み出す人づくりでは、マネジメントシステムと小集団活動の連携を通じて、改善テーマへの取り組みと人材育成を有機的に結びつけていく。具体的には"ペアシステムの編成と運用"が基本となり、"日常業務・小集団活動"の場を活かしながら、"責任能力（レスポンシビリティ）の開発"を進めることが中心となる。それを補完するのが人事制度や階層別の教育になる。

図表6－1－2　責任能力、ペアシステム、人事制度・教育

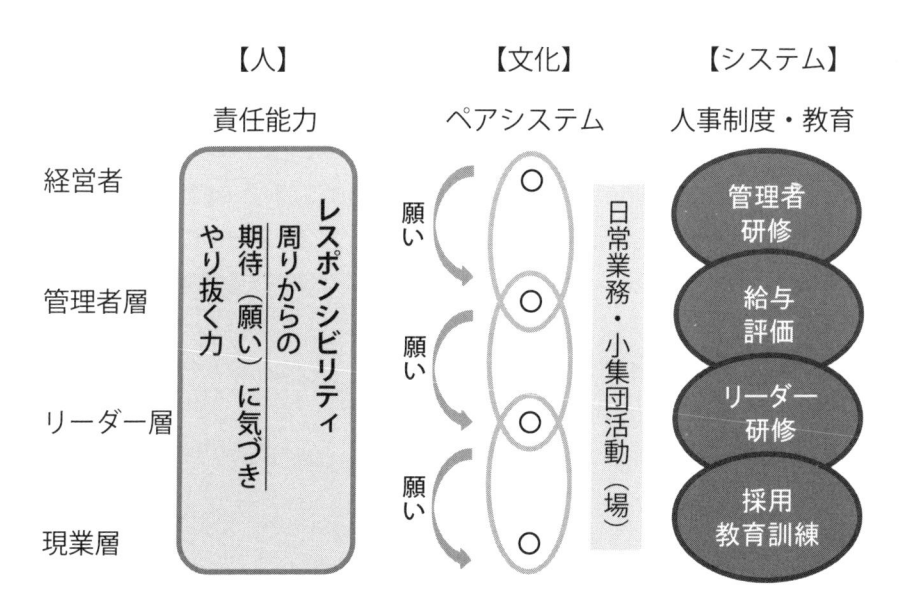

	【人】	【文化】	【システム】
	責任能力	ペアシステム	人事制度・教育
経営者	レスポンシビリティ　周りからの期待（願い）に気づきやり抜く力	願い ○	管理者研修
管理者層		願い ○	給与評価
リーダー層		願い ○	リーダー研修
現業層		願い ○	採用教育訓練

（ペアシステム列の中央に「日常業務・小集団活動（場）」）

（3）経営革新を担う中核人材の育成

　経営者の構想は、"補完"する中核人材によって具現化される。

　所長クラスの管理能力、特に計画設定能力や部下育成能力は、マネジメントシステムの運用や小集団活動を通じて高まる。その結果、既存業務や関連する新規顧客については、ある程度安心して任せられる水準となる。

　しかしこの延長線上に、「顧客をはじめとした利害関係者に責任を持ち、その事業を成長・発展させていく幹部人材（部長・役員クラス）」が育つかといえば、そう簡単ではない。このレベルに成長していくには、運行や営業の統括、車両管理、人事・教育、会計・計数、情報システムなど経営機能を担える専門性が必要であり、さらに自らの職務の範囲を超え、事業全体の視点を持ち、他部署の力を引き出し、調整しながら結果につなげる力量が求められるからである。

図表6－1－3　中核人材の育成

```
中期的な事業責任
＜役員クラス＞
　　↑                    ◆顧客に対する責任・事故ゼロの実現
☆経営機能を担う人材  ⇒   安全マネジメントを通じて強化・育成
＜部長クラス＞            小集団活動で日々改善を実践
　　↑
既存の現場責任　＜所長クラス＞
```

これを戦略的に行うためには、人材育成の計画に、経営機能を担う人材（部長クラス）を確保・育成する中期的な視点が必要になる。中期的な事業責任は、中小企業では社長しか負えないケースが多い。しかし、事業を存続させ、長期的に顧客や地域、利害関係者に責任を持つためには、次世代を担う後継者群を確保・育成していかなければならない。現在のことだけでなく将来の事業を担える幹部（役員クラス）が欠かせない。今起きている問題を解決する力に加え、顧客や取引先とつながり、他部署とも連携し、差別化を図り、将来の顧客や事業を生み出す力が必要なのである。創業者が、車数台からスタートして成長してきた企業が多い運送業界では、ワンマン経営が多く、採用活動は単にドライバーや担当の欠員を埋めるためになっており、計画的な採用・育成が十分でないケースが多い。だからこそ中期的な視点でのマネジメント、人材確保・育成への取り組みが求められるのである。

COLUMN

補完関係とは

"補完"とは、一般には、不十分な部分を補って、完全なものにすることである。組織においては、社長と役員、役員同士などの相互関係の中で、自分の長所で相手の足りない部分を補い、高めることである。

責任能力で意思決定力が強いタイプであり、意思疎通力に欠けるタイプがいれば、その逆もある。安全マネジメントにおいても、現場に強いタイプがいれば、逆に内部管理面に強いタイプもいる。

補完の前提は、相手への思いやり、理解である。相手を理解せずに、自分の考えだけを押し通していけば対立になる。相手を理解して、足りない点を補うことが新たな行動や結果を生み出すこと（創造）につながる。自分勝手な思い込みを抑えて、1つの困難を乗り切ることで、新たな相手との関係が生み出されてくるのである。

補完には、機能的補完もあれば、人格的補完もある。社長と役員・管理者の関係、上司と部下の関係で、相手のことを理解し、足らざるを補い、相互に相手の期待を受けきることが真の補完関係、そして創造への入り口である。

【補完のポイント】
　①相手の長所を認める（まず相手への気づきを挨拶にするから）
　②自分勝手をしない
　③相手の欠点を自分の長所で補う
　④目的（課題）の共有化
　⑤目的を達成し、補完関係を充実する

2 人材育成計画の作成と運用

　組織・人材診断、人材棚卸によって、マネジメントシステムや小集団活動の運営上の課題を整理する。それを、ペアシステムによる信頼に基づくコミュニケーションを構築していく中で、"願いをかけて"人材育成計画に落とし込んでいく。

　特に課題となるのが、マネジメントができる管理者を育成することである。自動車運送業の管理者の場合、業務遂行（特に運行業務、運行管理、営業）を中心に職務経験を積んでいることが多いため、特に業務改善や人材育成に関する教育を受けることやその経験に不足する事が多い。人材育成計画には、管理者の役割として、業務管理や業務改善、そのための人材育成や組織の活性化、情報の活かし方を体系的に身につけることを組み込む必要がある。

図表6－2－1　ペアシステムを通じた育成計画

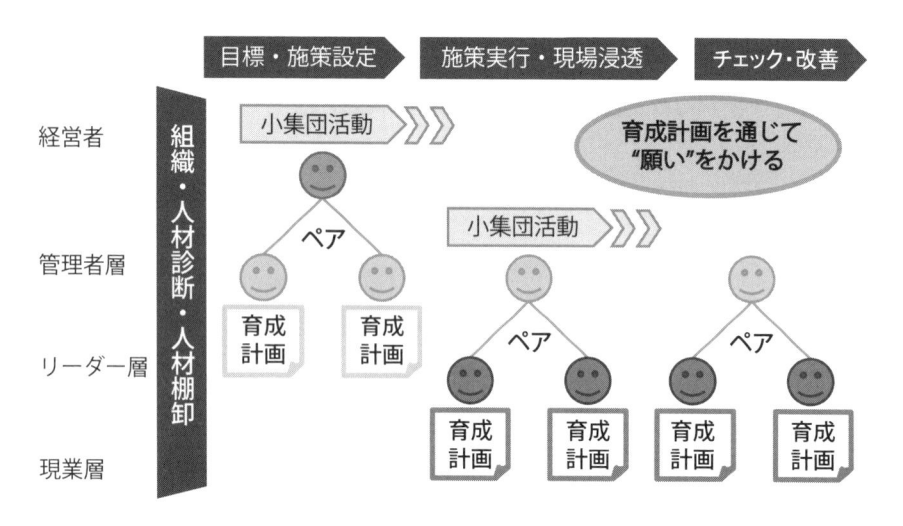

| | 目標・施策設定 | 施策実行・現場浸透 | チェック・改善 |

経営者／管理者層／リーダー層／現業層

組織・人材診断・人材棚卸

小集団活動　→　ペア（育成計画／育成計画）

小集団活動　→　ペア（育成計画／育成計画）／ペア（育成計画／育成計画）

育成計画を通じて"願い"をかける

（1）育成計画づくりの進め方（願いに基づく育成）

①人材棚卸

　組織が永続するためには、組織全体とその中の一人ひとりの調和が必要である。それを左右するものは、一人ひとりが「自己を認め、他者を認める」構えを持てることであり、組織内で互いを認め合い、協働していく風土である。人材棚卸において「願いをかける」という行為はこの風土づくりの入り口になる。そして、願いをかけることは、職場のリーダーに求められる人の信頼や期待に応えものごとをやり遂げる能力、相手の立場や希望を生かしうる能力の開発そのものともいえる。

　人材棚卸の順序は、まず経営者が役員クラスや所長・管理者クラスに対して行うことからである。人材棚卸では、職務能力の有無や特性を整

理するだけでなく、本人の良いところや改善すべき点、生活状況やその背景なども含めて、働く心意、仕事への責任能力を把握することが必要である。責任能力の分析は、意思決定力、意思疎通力の２つの着眼点から行う。

　ドライバーの人材棚卸は、小集団活動を通じて、優秀ドライバーをベンチマークし、その比率を高めることを視野に入れて行う。優秀ドライバーの基本的な基準は、職務能力だけでなく、自分自身を向上させていくまたメンバーを導いていける人格能力も求められる。

②ペアシステム

　ペアシステムは、経営者が自らの自己改善をスタートすることから始まる。

　創業経営者であれば、自分自身の背景、能力の源泉である両親や職親（職場の恩師）への感謝が、職務能力の特性や長所の認識につながる。家庭では家族、職場では得意先をはじめとした従業員なども含む利害関係者から寄せられる期待を受け止めることが必要となる。

　創業経営者でない場合は、先代経営者の立場に立って期待・願いを整理することでよい。このような視点を持つことができてはじめて、経営者として自分を補完してくれる幹部や管理者に期待・願いをかけることが可能となる。

　このために、創造経営教室の場を活用していく（詳細は後述）。

図表6−2−2　ペアシステムの考え方

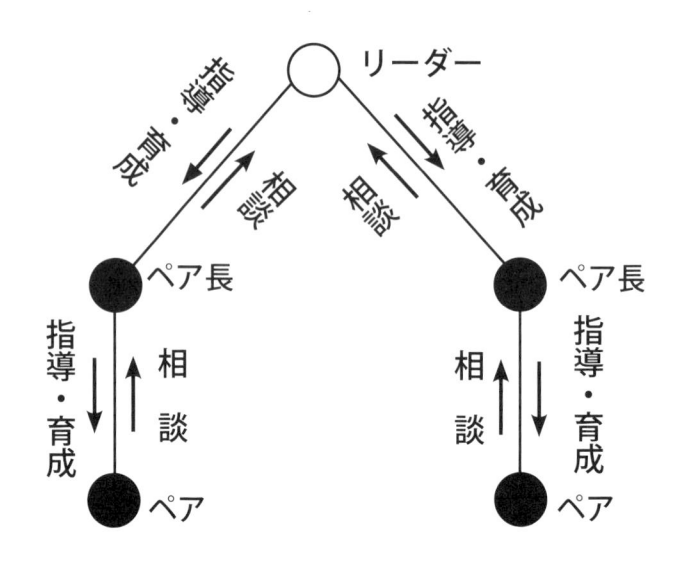

```
              ○ リーダー
         ↙↗     ↖↘
    指導・育成      指導・育成
      相談          相談
     ●ペア長        ●ペア長
      ↑↓           ↓↑
    指導  相        相  指導
    ・   談         談  ・
    育成            　 育成
     ●ペア         ●ペア
```

5人に一人のリーダーを育成
（創造者）

・経営者が役員を
・役員は管理者を
・管理者はリーダーを
・リーダーは現業職を
　（ペア育成を連鎖）
　　　↓
小集団活動を動かす裏づけ

ペアシステムの基本は、お互いの信頼関係である。上下の関係、指導の関係の前に人間としての交流がある。その関係づくりなくして、ペアシステムは成り立たない。つまり、願いをかける上長側（ペア長）が、まず信頼に足る行動をしているか（行動見本）にかかっているのである。改善は、自分から、上からである。

　期待・願いがまとまったら、面談によって対象者に伝えていく。お互いに取り組む内容を決めて、定期的にフォローアップしていく流れを作っていく。経営者からはじめて、順次、管理者、リーダーへと展開していくが、任せきりにせず、たとえば管理者がリーダーを面談する場合には、当面は経営者が立ち会うなどすることも必要となる。

（2）人材育成計画の内容

　人材育成計画の内容は、中期的な事業構想にもとづき、どのような人材が必要なのか、そのために本人にはどうなってもらいたいのか、本人の将来目標はどのようなことかを考慮していく必要がある。会社目標、部門目標を達成してもらうために何をしてもらいたいかだけではない。本人の成長可能性や抱えている課題などを踏まえて、職務面、人格面の両面から考えていく必要がある。

（3）創造経営教室の活用（注1）

　創造経営教室は、社長・上司の願いを明確にし、事前面接を行った上で参加する研修である。研修では、KD調査に表れた得点を通じた自己分析を入り口として、自己の形成に大きな影響を与えてきた両親との関係を振り返る。その中で、「自己客観化」を行い、自分自身に気づき、

（注1）創造経営教室の参考文献
礒部　巖編著、日本創造経営協会編「共生共益を実現する人づくりの経営」中央経済社、2006年
日本創造経営協会・礒部　巖編「職場・地域を創造する人づくりの教室」中央経済社、2009年

最後に気づいたことを改善するための「誓い」としてまとめていく。

　人の行動は、深層心理に左右される。普段、私達が意識して行動に移しているのは１〜２割程度であり、大半は無意識の深層心理に左右されている。そのようなことから、自分のことは自分自身が良く分かっていると思っていても、人から見ると違って見えるものである。行動から自分自身を変えていく取り組みが先述した「基準創造行動」であるが、目に見えない深層心理に触れていこうとするのが創造経営教室のテーマである「自己客観化」への取り組みである。

　創造経営教室では、自分自身の原点である両親の長所、短所、両親と自分自身の関係から自分自身を客観的に振り返ることを担当のカウンセラーとの面談を通して行っている。

　創造経営教室は、基礎、中級、上級の３つのコースで構成されている。基礎コースは、自己分析により本当の自分への気づきを実践目標としてまとめ、その実践を通して家庭や職場に活力を与え、環境を変えていく人材へと成長を導く内容となっている。

図表６−２−３　創造経営教室　基礎コースのカリキュラム

	テーマ	内容
研修前	・経営者と受講者のコミュニケーション（「願い」を伝える）	・「社長・上司の願い」の作成と事前面接
１日目	・創造経営基礎理論・ＫＤ調査による自己客観化	・ＫＤ調査による自己分析を通し自己客観化を行う。
２日目	・基準創造行動の実践・両親の恩愛（気づきから報恩へ）	・作文（「両親の思い出」）や面接、瞑想を通じて、両親の恩愛を深める。
３日目	・社長、上司の願いの受容にもとづく行動改善	・両親の願いや上司の期待と自分の目標を統合する。
研修後	・受講者の報告と成長支援の場づくり（目標の共有）	・上司への報告と「創造への誓い」の実践

COLUMN

創造経営教室での気づき、誓いの実践

　T社は3つの営業所において、運送事業を行っている。社長の悩みは、交通事故が減少しないこと、管理者層が育たないことであった。その悩みを同業の社長に相談したところ、創造経営の行う基礎コースを紹介された。その時に「まずは経営者から参加して学ぶことが大切」と言われ、社長自ら参加することとした。

　社長が参加した時の感想は「創業から現在まで、周囲の協力を得ながら事業をやってきたと思っていた。しかし、研修に参加し、生まれてから現在までの自分を振り返り、親のことや妻のことをよく考えてみると、"人の話を聴けていない自分"に気づくことができた。また、批判することがあっても周囲に愛情を掛け育てていくという姿勢が弱かった。気持ちだけがあせっていた」というものであった。これらの気づきを"創造への誓い"という目標にまとめあげた。その内容は次の通りである。

> ・朝5時30分に起床し、朝食をとり、健康な身体を作ります。
> ・職場では、従業員や車に心を込めた挨拶を行い、明るい職場を作ります。
> ・従業員と個別の面談を行い、お互いの気持ちを知ることにより、相手との意思疎通を図ります。

　これらの目標の実践と共に、管理者層やドライバーにも研修に

参加してもらい、職場を良くしていくための従業員教育を進めていくこととした。

　社長に続いて、各営業所長が研修に参加した。Ｓ営業所長は研修に参加し、「これまでは"出来るだけ辛いことを避けてきた自分"があった。自分では事故を減らそうとしてきたが、どこかで"ドライバーが悪い、自分は管理者として指導をしてきた"と自分に言い聞かせてきた。教室参加に際しては、社長から"ドライバーと一体になって、責任ある指導者、管理者になって欲しい"との願いをかけられた。
　教室に参加して、今後は、管理者として自分が責任を持ってドライバー教育をしていく」という気持ちになった。帰社後は、目標として誓った創造への誓いを実践した。それは以下の通りである。

・毎朝の社内清掃を率先して行うことで、他への行動見本を示すと共に自信を持ちます。
・明るく大きな声で従業員に挨拶し、上司への報告・連絡・相談を徹底し活気ある職場を作ります。

　これらの実践を通して、営業所は活気づき始め、交通事故を減らしていこうという営業所全体の雰囲気が盛り上がっていった。

　その後、ドライバー層も研修に参加した。ドライバーであるＮさんは、３年程前に大きな事故を起こしてしまい、その後は何事にも慎重になり、事故ゼロをここ数年継続している人である。所長の願いは"班長として、もっとドライバーに声を掛け、後輩た

ちへの指導ができる人に成長して欲しい"というものであった。
　Nさんは研修に参加し、その中で「自分は社長や所長が思っているほど優秀なドライバーではない。しかし、このような機会を与えていただいたことに感謝し、それをお返しするためにも、これを機会にもっと自信が持てるような人間に成長したい。周囲を導き、事故をなくすための指導ができるようになりたい」という感想を述べた。研修で誓った目標は以下の通りである。

> ・積極的にドライバーに挨拶を行い、明るく元気な班長になります。
> ・職場の問題点やわからないことを聞き指導し、自分がわからないことはすぐに上司に報告して指示を受けます。

　N班長の取り組みを、他の班長も真似ていくことで班長をはじめとしたドライバー自らが事故を減らし、周囲や顧客の信頼を高めていこうという職場の雰囲気を作っていった。

（4）育成計画を通じた安全目標の実現

　安全目標の実現、あるいは職場での業務改善のために、社長や上長は、"育成対象者にはこうなって貰いたい"と期待する考え方や行動がある。これを、一方的ではなく、本人にも理解・納得してもらい、"合意"して取り組むことが、ペアシステムに基づく育成計画の中で重要なところである。

　また、「言っておいたから、やってくれる（はず）」と、目標実現や業務改善の結果を早急に期待するケースが多い。しかし、「願いをかけただけ」で、目標が実現したり、業務の改善が実現したりすることは稀である。大切なことは、「相手が動いて変わらないと結果が出ない」という現実に気づくことである。結果を出すためには、今までの上長自身のやり方を変えていかなければならない相手もいる。指示の出し方、報告の受け方、普段からの声かけなど、自分自身が変わらなければ、相手が変わらないことがほとんどなのである。人材育成において責任を持つことには、相手の成長を「考える」だけではなく、実は相手の成長に向けて、自分自身が成長（自己変革）することが必要とされるのである。ここに、ペアシステムによる人材育成のポイントがある。

3 マネジメントシステムと管理者の育成

(1) マネジメントシステムにおける管理者の役割（職務）

　部長、所長などの管理者の役割は、業務管理、業務改善、人材育成、組織活性化、情報創造を図ることである。この5つの職務内容を具体的行動とするならば、この行動を通じ、結果を出すための心の働きが、意思決定力・意思疎通力からなる責任能力である（詳細は後述）。

　マネジメントシステムの運用と小集団活動の展開においては、次のような取り組みが必要となる。

　業務管理は、本社や営業所などの業務システムの整備・運用、特に日々の問題発見と対応（問題解決）のレベルを上げることが重要となる。

　業務改善は、継続的改善活動の組織化（小集団活動）であるが、事故の原因分析を業務プロセスや作業（活動）と結びつけて、業務システムの改善に展開できるかが重要となる。

　人材育成は、育成対象者の成長への期待水準と育成計画を具体化することである。業務管理、業務改善に必要な課題を、誰に落とし込んで、どこまでレベルアップすれば課題達成できるのかを考えることが重要となる。

　組織活性化では、価値の共有とコミュニケーションシステムを具体化することである。朝礼・打合せ、会議・ミーティング、ペアシステム、面談など、日常の流れの中で、考え方を共有し、コミュニケーションを図るしくみを整備・運用することが重要となる。

　情報創造では、業務システムや社内情報システムと連係した原単位情報（結果、業務プロセスの指標など）を収集することや、意味情報（ドライバーからの現場情報、報告内容）も収集し、活用を図ることが重要である。

図表6－3－1　管理者の役割

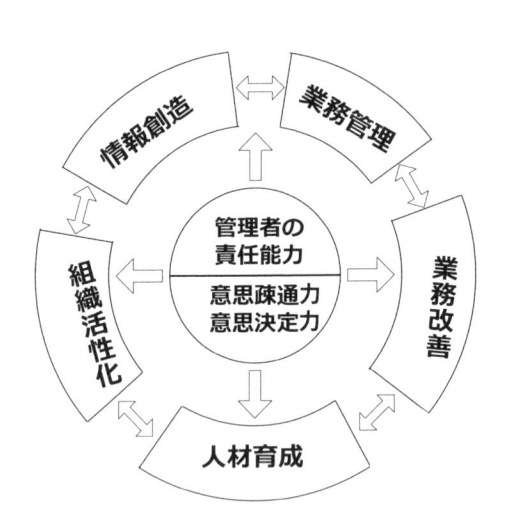

（中心）管理者の責任能力／意思疎通力・意思決定力
（周囲）情報創造／業務管理／業務改善／人材育成／組織活性化

（2）管理者の職務と責任能力

　責任能力とは、「自らの考え方、働き方をどのように高めれば、組織の目的に合致し、期待に応え、責任を果たすことができるのかを、常に考えることができ、そのように実行できる能力」である。「周囲の人々の信頼や期待を受容し、それに応え物事をやり遂げる能力」ともいえる。KD－Ⅱ調査はこの責任能力を測定する。
　その内容は意思決定力（社会的適応力、具体的思考力、自己実現力）と意思疎通力（環境掌握力、感情制御力）からなる。KD－Ⅱ調査において、高得点、低得点の傾向を示したものが次の図表である。

図表6−3−2　KD−II調査による責任能力（5方面）の内容

方面	高得点	低得点
社会的適応力	表現力・行動力に富み、集団の中で能力を充分に発揮することができる	孤立化傾向が強く、集団の中での能力発揮が阻害される
具体的思考力	現実を正しく判断し、具体的に企画立案して、人々を導いていける思考力を持っている	目先で物事を判断し、考え方が統一せず、無反省、無責任な思考が多い
自己実現力	生かされていることを自覚して、人や組織のために尽くす心が強い	自分の成すべきことがわからず、自信を失うことが多い
環境掌握力	明朗な心で、周囲への適切な気配りができ、環境を活かすことができる	考えすぎて、大局を見誤ったり、又は無神経に人の心を傷つけてしまう
感情制御力	愛情の認識が深いため、心が安定し、周囲への感謝の心と言動を常に心掛けている	愛情の認識に欠けているため、気持ちが不安定で動揺しやすく、感情的になる

　次に、意思決定力と意思疎通力による、管理者の4つのタイプについて見ておく。
　意思決定力、意思疎通力がともに高いタイプは「創造型」である。このタイプは周囲の期待・願いを理解し、目標を高く掲げ、目標を具体化しながらメンバーとの信頼関係を形成する。コミュニケーションを図りながら貢献意欲を引き出し、目標実現に取り組む人材である。理想的な管理者像であり、ここを目指したい。

意思決定力が高く、意思疎通力が低いタイプは「トップダウン型」である。このタイプは、目標を具体化して実現に邁進しようとするが、周囲の願いや期待の理解、またはメンバーとのコミュニケーションが不足するため、貢献意欲が引き出せず、押し付けになる傾向がある。自動車運送業の場合、現場から叩き上げの人材が管理者層に多いため、このタイプがよく見られる。意思疎通力を高める育成が課題となる。

　意思決定力が低く、意思疎通力が高いタイプは「依存型（人間関係調整型）」である。このタイプは、人間関係を重視し、メンバーの気持ちを大切にしてコミュニケーションを図るが、周囲の期待や願いの理解が浅く、目標を掲げ具体化しながら実現に邁進することができない傾向がある。意思疎通の質を高めて上長につながり、自信を持って意思決定できるような育成が課題となる。

　意思決定力、意思疎通力ともに低いタイプは「優柔不断型」である。このタイプは、消極的・否定的な思考が強く、目標を掲げ具体化することができず、かつ、コミュニケーションが図れず孤立する傾向がある。自動車運送業では、現場では優秀なドライバーであったため事務所に上げたのだが、いざ事務所業務をやらせてみると、このタイプに当てはまるケースが見られる。原因や適性を見極めた育成や配置が課題となる。

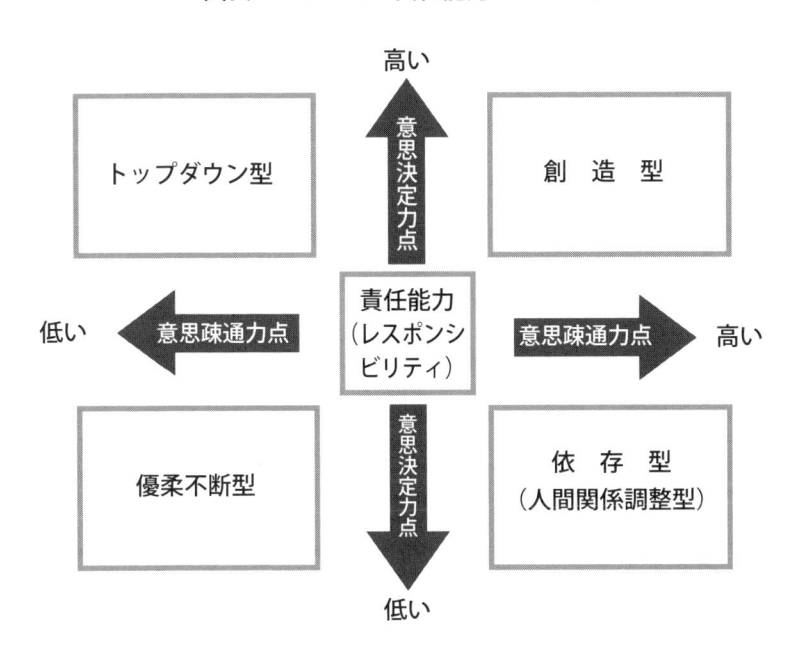

図表6－3－2　責任能力の4タイプ

```
                    高い
                     ↑
                   意思
   ┌─────────┐  決定  ┌─────────┐
   │トップダウン型│  力点  │  創 造 型 │
   └─────────┘       └─────────┘
                   責任能力
  低い ← 意思疎通力点 （レスポンシ 意思疎通力点 → 高い
                   ビリティ）
   ┌─────────┐  意思  ┌─────────┐
   │ 優柔不断型  │  決定  │  依 存 型 │
   └─────────┘  力点  │(人間関係調整型)│
                     ↓   └─────────┘
                    低い
```

（3）責任能力の土台となる人間性

　責任能力を発揮する上で重要なことは、「家庭」と「企業」に帰属しているといった意識であり、例えば「～のためにつくす」「～に役立つ」「～に貢献したい」といった帰属意識を開発することである。

　社会や顧客のニーズに応え、安全・確実で安心なサービス内容を提供するために種々の業務内容に分かれている。様々な業務プロセスと作業（活動）のつながりがあることは先に見てきたとおりである。このすべての業務を統括しているのが、最高責任者である社長である。

　各業務の責任者である管理者は、最高責任者である社長にかわって仕事を担当しているわけであるから、「社長にかわって、やらせていただく」という代理観があって、はじめて全体と個人が統一されるのである。ドライバーが「ハンドルを握って自分が仕事をしている」、営業所長が「ド

ライバーを管理して車を動かしている」ということは事実であるが、「自分が自分の責任でやっている、自分の腕や能力で稼いでいる」というのでは、組織に属している中では、本当の意味での責任を果たすことにはならないのである。

　代理観の有無は責任感ともつながり、預かった車両を丁寧に扱うこと、所属するドライバーを指導・育成することで、事故を決して起こしてはならないという気持ちにもつながるのである。この帰属意識や代理感の根本にあるのが、家庭という場である。

（4）能力開発の基本

　はじめからリーダーとしての要件を備えている人は少ない。自らの長所・短所両面を備えている。素直に自己を見直し、長所をさらに生かし、短所を改善していこうとする意識や取り組みが能力開発の基本である。自己を見直す事から始め、職場と家庭、自分の側面から実施する。リーダーとしての能力開発は職場だけではない。職場と家庭の両面から図ることが大切である。

　例えば、事故を起こしたり、業務でミスを起こしたり、上司や同僚・部下とトラブルを起こしたりする背景には、周囲の人たちとの関係で生きていることや、周囲の気持ちや愛情に気づかず、自分勝手な考え方になってしまっている場合がある。その根本に気づかないと、表面的な改善に終始し、せっかくの能力が活かされない。

　ＫＤ調査の結果を分析することで自己客観化を行い、家庭・職場における改善に活かすのが前述の創造経営教室である。具体的な改善の実践内容は、"両親への感謝（親心を感じること、周りの気持ちに気づく入り口）"と、自分の素直な心を行動に表していく"基準創造行動"である。

（5）管理者の育成計画

　管理者の役割は、管理者個人の能力開発だけではなく、同時に組織集団としての問題解決能力を高めることである。意思疎通組織、業務改善組織を編成し、職場改善活動を推進すること、これを支える能力開発、賃金体系、目標管理、職務分担などの管理制度を見直し、高度化することが必要である。

　本書ではこれらのテーマに対し、小集団による改善活動の推進やペアシステムの運営に取り組むことで、管理者育成の機会としている。ペアシステムによるマンツーマン指導は、これらのテーマに対し、「人材育成計画」として願いをかけることからスタートする。

図表6－3－4　人材育成計画～個別面談項目

対象者：_____
作成者：_____
　　　　　　　　　　　　　　　作成日：平成　　年　　月　　日

1．（本人から）現在の状況－何が大変か（職場、家庭）
2．本人の現在の業務内容、遂行状況－何の仕事を担当しどのくらい出来ているか
3．今期の計画上の役割－安全マネジメント計画において何をすべきか
4．現状の課題－2と3において何が問題なのか
5．3年後の成長目標－3年後にはどうなっていて欲しいか
6．本質的な課題－気になっていること
7．今期（当面2ヶ月）の到達目標－この1年の中でどうなっていて欲しいか
8．目標を実現する行動改善内容（職場・家庭）－どういう行動をして欲しいか
9．上長としてのフォローアップ（日々、定期）－どのように指導・確認などを行うか
10．本人との面接内容（取り組みを合意した日：平成　　年　　月　　日）
11．3ヶ月後の状況と経過、今後の課題（面接予定日：平成　　年　　月　　日）

4 リーダーの育成と職場改善

(1) リーダー（班長）の役割
　五人程度のドライバーによって小集団活動の編成を行い、班単位での改善を始める班長は職務的な面だけでなく、人間的な面でも現場のドライバーを支援する役割を担っている。具体的には以下の様な役割を担う。
・班員の育成とコミュニケーション
・安全な運行、車両管理、顧客対応（接客）、事務作業
・時間厳守、挨拶、服装などの率先垂範
・小集団ミーティングの開催
・現場の責任者の補完

第6章 安全文化を生み出す人づくり

図表6－4－1　M社のリーダーの役割

1）安全方針の理解と実行
　・安全理念および年度安全方針をよく理解し、実践すること
2）毎月1回班会議を開催する
　・班としての「目的・目標・行動」等の意見をまとめ、実践する
　・班員の車両別損益表により、変動費を把握し、指導する
　・目標「安全・燃費・コスト削減」の目標に対し、実績評価をして改善対策を指導する
　・洗車表による基本行動の意識付け
3）日常の業務指導
　・班員を会社の考え方に沿って育成・指導をする
　　「明るい挨拶・正しい服装・清潔な身だしなみ」
　　「確実な基準作業・安全手順の徹底」
　・班員の把握（仕事・個人の相談等）
　・班の車両管理
　　「洗車チェック表による洗車管理」
　　「始業前点検・1ヵ月点検、整備（オイル交換）等の指導」
　・次の班長候補・班員の育成（豊富な経験を通じた指導）
　　「安全衛生委員会の内容を報告して安全意識の高揚」
4）配車への協力
5）リーダーシップを発揮して班員の模範となる行動をする
6）自己啓発に努める
　・研修会・講習会などへの積極参加
7）社内会議への出席

(2) ペアシステムの内容と編制（5人組）

　経営者が管理者を、管理者がリーダーを、リーダーがドライバーをというのが、行動見本を通じた人間性向上の手順であり、これをペアシステムにより展開する。

　お互いが自分を改めることを通じて全体が変わる。また、命令、指示と統制という関係ではなく、「リードする関係」がペアシステムの基本である。

　そのためには、上長（ペア長）自身が行動と実際の模範によって、組織の価値観を伝えると共に、自らリーダーとしての人間性、責任能力を高めるようにしなくてはならない。

　経営者が営業所長や本社の管理者（部長、課長など）に対する願いをかけて指導・育成に取り組むことからペアシステムは展開される。そこで受けた指導・育成のしかたと同じように、営業所長は運行管理者や事務員の指導・育成を行う。運行管理者は、ドライバーのリーダーに対して指導・育成を行い、リーダーはメンバーの指導・育成を行う。

　運送業では指導・育成が苦手な人が多いため一朝一夕には進まない。小集団活動の展開に合わせて、指導・育成の内容（深さ）も考慮しながら展開していくことが必要である。

第6章 安全文化を生み出す人づくり

図表6－4－2　ペアシステムの展開（例）

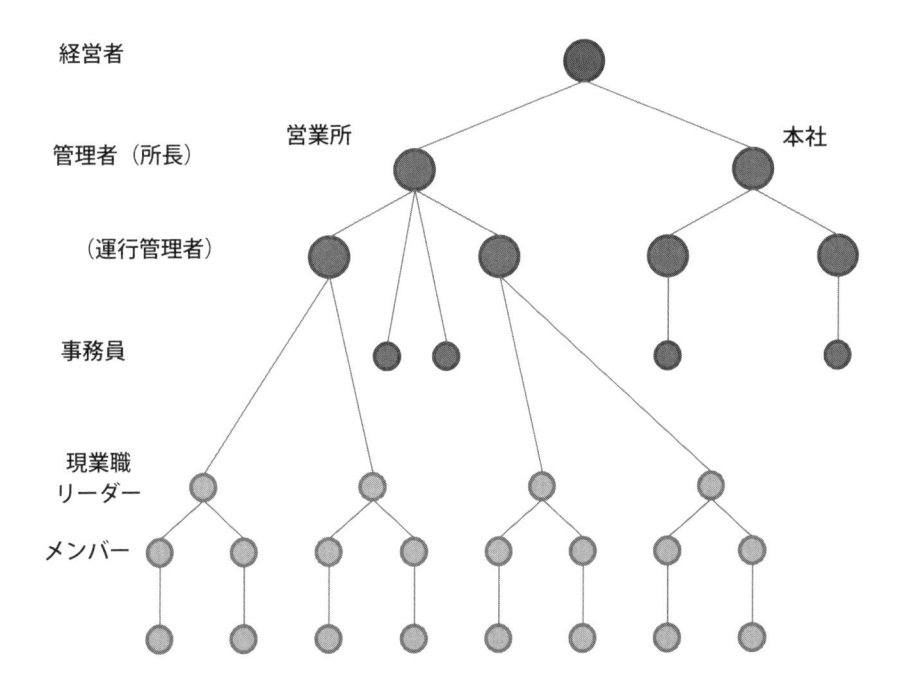

経営者
管理者（所長）　　　営業所　　　　　　　本社
（運行管理者）
事務員
現業職
リーダー
メンバー

(3) 個別面談の進め方

　ペアシステムでは、日常での指導・育成とは別に、定期的な個別面談を行う。面接では、つい問題点の指摘から入ってしまいがちだが、効果的な面接のためには、まず相手を認めることから始めるなど、注意するべきポイントがある。

　基本は、普段からコミュニケーションを図ること、上長自らも率先垂範で行動見本を示すことを通じ、信頼関係を築くことが第一である。また、問題（短所）よりも、特性（伸ばせる長所）に関心を持つことも大切である。その上で、「こうなって欲しい」という成長への願いを具体化し、どのように長所を発揮し（改める短所は改善し）、"出来ることを増やす"支援を行うことがペアシステムの個別面談である。

---

①長所に関心を持つ
②責める心を減ずる
③注意は「よくなって欲しい」と願って行う
④知らねばならぬことはアッサリと教える
⑤筋道を正して妥協なく教える

5 優秀ドライバーの育成

（1）優秀ドライバーとは

　事故を起こさないドライバーは、本人の運転に対する意識、生活の仕方、運転の技能など個人の努力や資質に特徴があるのも事実である。しかし、良くも悪くも環境に左右されるのが人間である。良い資質を持ったドライバーでも、それが発揮できない職場環境にいた場合、どこまで良い芽を伸ばしきれるだろうか。

　職場の雰囲気、先輩ドライバーたちの考え方や行動、事務所の管理者の接し方や指示・指導など、日常の職場がどのような状態であるかによって、大きな影響を受けるはずである。このような"場"をいかにして生み出すか、人を育む土壌をどのように作り出していくかが、優秀ドライバーを育て、定着させ、その資質を発揮させていくかのカギである。また優秀ドライバーが育つことで、さらに職場が活性化し、そこで働く他のドライバーにも影響を与えていく。

　人を育む職場は一朝一夕には出来上がらない。そこで大切になってくるのが、マネジメントシステムとそこにおける小集団活動である。ドライバーも職場も日々変化していくものである。マネジメントシステムや小集団活動はこれを一つの方向に向けていくしくみである。
　それでは優秀ドライバーとはどのような人を言うのか、その特性を整理してみると以下のようになる（運転技術だけではなくリーダーになり得る人材）。

1）自分の運転に厳しい
優秀ドライバーは、自分が上手だと思っていない。安全・ローコストで環境にもやさしい運転とはどのようなものか良し悪しが分かる。そのため、現状で満足しないで、常に成長を続けている。今日の自分に勝るため、自己否定と自己成長を繰り返していく。

2）日々の運転を振り返り反省する
優秀ドライバーは、気づくと運転のことが頭にある。乗用車を運転していて他の車両の運転を見たときでも、自分はどうかと振り返り、反省する。

3）生活管理を心がけている
休息、睡眠、食事、健康など、生活管理の基本を大切にしている。きちんとした運転のためにはしっかりとした休息と睡眠で身体を休め、食事の内容にも配慮して、健康を維持・向上する生活を送っている。

4）運転の仕方・仕事のやり方など何事も工夫をしている
運転スキルや作業スキルの向上のため、まず基本手順を忠実に守る。その上で、周りを手本としてスキル向上に努め、独自の工夫をしていく。安全、安心、確実、丁寧な仕事が高い専門能力であり、周囲への貢献の源泉である。

5）予測に配慮した運転を徹底している
スキルと一体であるが、予測への配慮が通常のドライバーよりも徹底されており、見通し、視点も充実している。自分中心の予測ではなく、周囲の状況を十分に考えた予測を行い、その能力を高めている。

第6章 安全文化を生み出す人づくり

6）職場の安全文化を大切にして後輩にもそれを伝えようと心がけている

自分だけでなく、良い先輩から学び、また同僚や後輩とも交流して、良いものを受け継ぎ、自分が失敗したものは繰り返さないようにしている。仕事には真面目で厳しさがあるが、明るさや楽しさも兼ね備えた職場人間関係を築いている。

7）家庭の理解や協力が充分にある

職場での良い働きは、良い家庭生活や家族の支えがあって始めてなりたつ。一人暮らしの場合でも、離れて生活する家族や親族などのことも大切に考えて交流する家庭人間関係が築かれている。

（2）ドライバーの目標設定と能力開発

　改善活動において有効なことは優秀ドライバーにならうことである。優秀ドライバーの取り組み、技能を標準化（スキルマップ）し、これを他のドライバーに身につけさせることで、全体の底上げを図っていく。また、小集団活動を通じてこの標準化したスキルマップを改善していく。スキルマップは、必要なスキルを抽出するだけでなく、その習得度合いを点数化（見える化）し、本人にも管理者にも活用できるものである。

　スキルマップ、小集団活動、ペアミーティング（個別面談）を運用することでドライバーの能力開発を行い、優秀ドライバーを育成していく。

　一方で、自動車運送業において運転の原点は生活の仕方にある。家庭生活と職場生活が表裏一体であるこの職種では、単なる職務におけるスキルアップだけではなく、生活についての先を見据えた計画が、ドライバー自身の積極的、創造的な取り組みに有効である。

①運転の原点は生活のしかたにある（生活するごとく運転する、作業する）

　自動車運送業において、運転の原点は生活のしかたにある。生活するがごとくに運転し、作業をするのである。

　家庭生活と職場生活は表裏一体であり、家庭での生活が職場に影響を及ぼす。だからこそ運転を正そうと思えば、生活を正していかなければならない。

　これは管理者、経営者も同じである。自分が出来ていないものは指導・育成できない。

②安全意識を持つためには、長期の生活目標が不可欠

　その日暮らしではなく、長期の生活目標を持つことが、毎日の生活を見直し、家族や職場の仲間の協力もえて、積極的、創造的な考え方につながっていく。その手段がライフプランの策定である。お金のことだけでなく、それを生み出す仕事の内容をどのようにレベルアップしていくかが大事である。また職場のことだけでなく、家族や親族のこと、地域のこと、自己啓発なども含まれる。

③個人目標と会社目標を一致させる

　ライフプランを通じて個人の目標を理解し、それを仕事や職場生活を通じて会社目標や部門目標とリンクさせていく。個人の目標が会社の目標と一致しているのは通常は経営者だけである。経営者でも後継者などの場合、本当はこんな仕事は継ぎたくなかったという本音もよく聞く。

　事故やクレームは、ドライバー個人も、家族も、管理者も、経営者も、そして顧客や社会も不幸にする。安全・安心は個人目標と会社目標を一致させる入り口である。ライフプランを通じて、安全・安心からスタートしていく。

第7章

安全マネジメントの自己診断チェックリスト

　以下は、「安全マネジメントの体系（全社）」及び「目で見る管理の基本（営業所）」のチェックリストである。特に「目で見る管理の基本」は、中小、中堅、大手等の規模を問わず、事故が少ない現場の基本ともいえる内容である。経営者、管理者層それぞれでチェックをして、自社の現状と課題、お互いのギャップを把握し、今後の取組の方向性を検討していただきたい。

1．安全マネジメントのチェックリスト（全社）
『安全マネジメントの体系』

目的を確立し、環境変化への対応が図れているか	0	安全よりも売上を優先して、利益が出ると信じている。経営者が目先の仕事に追われている
	2	経営方針で、安全の徹底、ローコスト、環境保全、顧客満足を一体化している
	4	安全を徹底していくことで、コストも、環境保全も、顧客満足も充実し、顧客、地域社会とも連携した事業運営やマネジメントになっている

マネジメントシステムは運用されているか	0	事故やトラブルの対応など、目先の仕事に追われ、目標や計画を立てられない（立てても取り組めない）
	2	部門や営業所で、安全に関する目標や計画を立てて運営しているが、個人レベルでの取り組み・浸透にはバラつきがある
	4	全社の目標が、部門や営業所で、個人目標にまで展開し、管理が徹底されている。営業、車両管理、人事労務、教育訓練などの機能別にも管理を行っている

業務管理が定着し、改善も進んでいるか	0	運行を始めとする仕事の仕方や、手順は特に定まっておらず、本人まかせである
	2	班活動やミーティングが組織的に開催され、現場での作業の仕方、手順の整備と見直しが進んでいる
	4	業務改善の結果が作業標準として定着し、連続的な職場改善により、ローコスト、高い品質の業務につながっている

管理者層の責任能力が発揮されているか	0	事故が起こるのは仕方がないと考えている（ドライバーの責任）。コミュニケーションが十分に図れず、現場からの情報もつかめていない
	2	管理者の言行が一致し、現場との間で信頼が築かれている。周囲の協力を得て、安全の目標を実現しつつある
	4	管理者が、業務改善や人材育成などにも力を発揮し、問題解決を図っている。部門、営業所を超えた問題にも取り組んでいる

組織性格は高まっているか	0	活力がなく指示されて行動する自己中心的な集団（個人意識が強く、安全意識が浸透しない）
	2	全社的意思統一がなされ、企業目標に向かってその実現のための努力が組織的に展開されている（経営者の意思に沿った行動ができる）
	4	基本となる考え方や行動の仕方が文化として根付き、帰属意識と貢献意欲が高い（従業員の意欲と主体的行動により、開発・改善活動が積極的に行われる）

2．安全マネジメントのチェックリスト（営業所）
『目で見る管理の基本』
（1）経営者のリーダーシップ

①	事故は経営の質の反映と捉えているか	0	事故はドライバーの責任であり、罰則や無事故手当・表彰などで動機づけしている
		2	事故には組織や管理の質が表われるため、ドライバー個人への指導だけでなく、管理者に指示して管理体制の改善を図っている
		4	事故は経営者、経営の質の反映と受け止め、指示だけでなく経営者自らの反省と行動革新を図り、組織・管理の改善を具体化するなど、失敗を活かしている

②	経営者は基準行動（行動見本）を実践しているか	0	社外での仕事の付合いなどが多く、生活が不規則で、早朝出社や挨拶、書類の整理整頓など基準行動がなかなか徹底できない
		2	経営者が率先して早朝出社を行い、皆に一声かけながら挨拶し、自ら身の回りの整理・整頓・清掃・清潔を実践している
		4	職場では早朝出社、挨拶、４Ｓなど経営者が率先して基準行動を実践し、組織に活力を注ぎ、家庭では健康な生活管理を心がけ、家族や周りを安心させている

③	経営者が現場に関わることに意欲的か	0	営業活動などで忙しく現場に関わることは余りないため、管理者・担当などから報告を上げさせているが、現場での実際の仕事ぶりが十分に把握できていない
		2	自ら現場に足を運んで直接見たり、話しをしたり聞いたりすることは少ないが、管理者や担当に任せ、現場情報や実績などの報告を受け、必要なことは指示している
		4	机上での報告や指示だけでなく、毎日現場へ足を運び、自ら実態を把握し、気がついた問題点については即座に管理者や担当と共有し、対応している

④	経営者の事故防止活動への本音はどこにあるか	0	事故防止は大切であり、継続しているが、運送業から事故は無くならないというのが本音のところである
		2	事故はドライバー本人や荷主・経営だけでなく、社会や家族にも大きな影響を及ぼすものであると日頃から浸透させ、事故低減に向けて改善を継続している
		4	ドライバーの仕事の基本は職場だけでなく家庭生活にある。事故防止をはじめ仕事を通じて、生活のしかた、経営のしかたも改善し、人を育て、定着率や帰属意識も高まっている

⑤	どのような従業員観を持っているのか	0	コミュニケーションは、朝礼・点呼・会議などでの挨拶や仕事上の指示が中心で、それ以外に話をすることは少ない方である
		2	採用時の面接や管理者の話などからドライバー個人のことや家庭のことは把握しており、現場では気にかけて声をかけたりするようにしている
		4	自らの家族の一員であるのと同様に、従業員の生育の背景、家族や家庭のこと、抱えている問題なども把握している。まず相手を受け容れて一緒に改善に歩んでいる

(2) 現場情報のモニタリング

① 事故撲滅に向けた事故の定義ができているか	0	事故は会社に損失があるものだけを件数としている 事故による修理費は通常の修理費と区分して明確に把握できていない
	2	事故の定義を明確にし、個人負担したものや軽微なものでも管理対象としている 事故費は通常の修理費と区分して、経理上把握するように努めている
	4	事故の定義を定め、軽微な接触事故、被害事故でも事故は事故とし、管理・撲滅の対象である。事故費と通常の修理費の経理区分も明確に定めて管理している

② 事故情報を活用するしくみを構築しているか	0	事故件数など管理のためのデータを確認しているが、収集のしくみがあいまいで、統一されていない
	2	事故件数などについて、情報を吸い上げるしくみ(手作業、パソコン問わず)を構築し、全体・営業所別などで推移も把握している
	4	事故率などを体系的に把握・分析できるしくみを構築し、事故統計の分析のほか、日次・月次、移動累計(年計)などリアルタイムに把握できる

③ 情報管理のしくみを運用できているか	0	情報管理のしくみはあるが、ドライバーへの報告や運用ルールの徹底、担当者による作業や管理が十分に徹底できないところもあり、データが完全とは言えない
	2	必要なアウトプットを出すため、必要なデータを収集し、集計作業を決めたとおり実行するが、管理者が何度も声をかけることでデータが揃う
	4	データの定義、入力・集計・出力の作業が、ルールどおり、スケジュールどおり、各自が責任を果たして整然と運用され、アウトプットデータの信頼性が高い

④ 経営者自身が情報の活用、管理指標の活用に意欲的か	0	情報管理の運用、管理指標のデータ精度はややあいまいな部分はあるが、管理者に任せて情報を上げさせている
	2	管理指標は目標管理に活用し、分析を行っている。正確さや即時把握できることに留意しているが、徹底には課題がある
	4	管理指標は意思決定や成績の評価に関係し、元データや運用が正確、迅速でなくてはならないので、経営者自らその意識を現場・管理者に浸透させ、徹底している

⑤ 管理指標により発見された対策が改善につながっているか	0	月単位で管理指標を確認し、前年実績との比較など行っているが、課題に対しての対策は具体的になっていない
	2	目標に対する進捗管理を行い、課題に対する具体策を検討し、指示・推進している。具体策を実行しきっていく点ではまだ課題がある。
	4	管理指標、現場情報を毎日・即時把握し、必要なことは管理者・経営者から即座に指示を出し、その後の対応も確認し、改善している

（3）ドライバーとのコミュニケーション

①	プロドライバーとしての基準行動を徹底させているか	0	管理者は従業員に身だしなみ・服装のルールを守らせ、挨拶・返事は大きな声で元気良くするよう指導しているが、全員に徹底できていない
		2	信頼される身だしなみ・服装、活力ある挨拶・返事を徹底させるために、管理者は毎日の点呼や朝礼を通じてその場で指導するようにしている
		4	全従業員が職場だけでなく家庭での基準行動も実践するようになっており、プロドライバーとしての生活管理、健康管理が徹底している
②	管理者からの運行・作業指示が形式的になっていないか	0	点呼や朝礼はやや形式的になっており、管理者からの運行指示・作業指示が不十分でトラブルが起きることもたまにある
		2	点呼・朝礼では基本となる内容を対面で実施するよう努め、管理者は指示内容や注意事項を、ドライバーに確実に伝達するようにしている
		4	点呼・朝礼では基本を忠実に行い、指示書や状況に基づいた注意事項、復唱での確認、相手に応じた一声をかけるなど、形とコミュニケーションを実践している
③	ドライバーからの報告に対し、適切なフィードバックがされているか	0	運転日報の記入が完全でなかったり、運行記録などに基づく運転の指導も継続できていない。現場で起きた問題が後になって発覚することもたまにある
		2	運転日報・運行記録などによる報告に対しては、管理者は不備がないようチェックして徹底させ、問題があれば指導するようにしている
		4	ドライバーからの報告に対する指導はその場で行うなど緊張感があり、ヒヤリハットや客先情報など現場の声も自発的に報告されるようになっている
④	事故分析と個別面談は充実しているか	0	事故を起こすなど問題があった場合のみ、ドライバーからの事故報告に基づき、管理者が個別に面談を行い、指導している
		2	事故報告、個別面談のほか、安全衛生委員会などの場で定期的に事故分析、再発防止、事故統計を行い、良くある事故パターンには重点対策を打っている
		4	管理者は事故原因をスキルや生活、管理体制などにも掘り下げて分析・対策し、個別面談では生育暦や家庭環境も考慮して指導している
⑤	運行管理者の責任能力は発揮されているか	0	経営者の考えを実行しようとするが、現場目線になりがちで、管理を遂行できないこともある
		2	経営者の考え、現場の実態を踏まえて、業務管理、業務改善を行うように努めている
		4	期待されている内容を受け止め、経営者につながり、現場の協力や意欲を引き出しながら、他責にせず問題解決、現場の活性化を実現している

（4）具体的ドライバースキル（教育・訓練）

①	清掃、洗車を通じ、ドライバーの意識向上が図られているか	0	決められたルールのもとに、洗車や清掃を行うようにさせているが、徹底することが課題である
		2	班長や車両を大切する意識があるドライバーを中心に、洗車・清掃は自然に行うようになってきている（ルールどおり最低限行う）
		4	モノ（道具）を大切に扱うことを基本として、自発的な清掃や洗車を通じて、車両状態の把握や手際が良くなり、仕事の質、気づきも高まっている

②	日常点検、整備、備品管理等が計画的に行われているか	0	日常点検、整備、備品管理のルールは意識されているが、実態には課題があり、時々想定外の故障や交換が発生する
		2	点検・整備はルールどおり行うことを基本とし、スキルの教育も行っている。備品も無駄が発生しないように受け渡しを確認している
		4	修理履歴等を分析し、重点を明確にした日常点検・整備のスキルを身に付け、実施している。修理の周期、備品交換周期なども管理している

③	入社時の基礎教育（マナー、速度、車両特性など）は充実しているか	0	人員不足もあり同乗指導は十分に行えず、他社での経験などを踏まえてワンマン運行までは短期間である
		2	新人教育、同乗指導も十分に行い、自社として運転スキルを身に付けさせ、修得状況によりワンマン運行の判断を行う
		4	ワンマン運行までの教育や運転スキルの判断だけでなく、その後も定期的に必要に応じた同乗による確認、巡回による確認などを行い、指導するようにしている

④	スキル習得への支援が十分できているか	0	現場での仕事が優先で、ＯＪＴが中心であり、専門的な知識やスキルの修得には十分な時間が取れていない
		2	外部講習、業界団体の発行する資料等を活用して教育を行い、プロドライバーとしての専門性を身に付けさせるようにしている
		4	知識やスキルの基準を定め、班長や職長などの指導者の判断も参考にして、社内教育あるいは外部講習を活用し、実地訓練と知識修得を行っている

⑤	顧客対応の指導が十分できているか	0	現場での仕事が優先で、新人教育で基本を教える以外には十分な時間が取れず、現場での仕事の中で身に付けさせている
		2	外部講習、業界団体の発行する資料等を活用して教育を行い、プロとしての顧客対応を身に付けさせるようにしている
		4	対応能力の基準や顧客評価（アンケート）、優良ドライバーの行動なども参考にして、継続的な実地訓練と教育を行っている

（5）小集団活動

①	リーダー（班長）は他のメンバーの行動見本となっているか	0	リーダーは任命しているものの、基準行動（身だしなみ、挨拶、時間管理など）や、主要業務（運行,車両管理,顧客対応,事務業務(日報作成)）が必ずしも見本となっていない
		2	リーダーは基準行動や主要業務で他のドライバーの見本となるよう業務に取り組んでおり、また自分のチームメンバーの面倒も見ている
		4	リーダーは経営者や管理者の考えを理解し、前向きな発言や取り組みをしている。行動見本を示し、自分のチーム、他のチームを問わず積極的にドライバーの指導をしている
②	チームミーティング（班会議）の開催が定着しているか	0	集まって話す場を設けているが、業務で定期開催が継続できない場合もある
		2	チームミーティングは最低月1回開催することを継続しており、リーダーからの話だけでなく、メンバーからも何か話してもらうよう努めている
		4	リーダーが定例的な実施をするだけでなく、メンバーもお互いに話し合えるようになり、ミーティング内容も記録を残すなどして、欠席者へのフォローも行っている
③	小集団活動（班活動）の内容は充実しているか	0	まずは集まって定期的な開催をしている段階であり、小集団活動の内容を充実させていくのは今後の課題である
		2	会社からの伝達事項、情報提供を行い、また現場での問題点を吸い上げ、管理者・経営者へと報告されている
		4	会社からの伝達事項、現場の情報交換のほか、チームの目標や個人の目標の達成に向けて、お互いに話し合い、アドバイスも行われている
④	小集団活動（班活動）が改善につながっているか	0	小集団活動は主に連絡事項の伝達の場として使われおり、改善の場にはなっていない
		2	小集団活動を行なっているが、実施した改善の定着には課題がある
		4	小集団活動の成果が標準化されることで、業務の継続的改善がボトムアップですすんでいる
⑤	リーダー（班長）を育成する教育、制度が充実しているか	0	リーダーの役割、班活動の内容など明確でなく、手当や賞罰などの制度も明確ではない
		2	リーダーには役割を示し、手当を支給し、ドライバーには新人教育のほか、外部研修・コンテストなどへの参加を推進している。個人の実績に応じて賞罰の基準を定めている
		4	リーダーや候補者の教育体系を明確にし、期待する職務内容を遂行させている。ドライバーも含めて小集団活動に必要な教育を行い、活動の成果配分も明確にしている

3．安全マネジメントの自己診断総括表

項目	評価		
1．安全マネジメントの体系			点
（1）目的の確立	4	2	0
（2）マネジメントシステムの運用	4	2	0
（3）業務管理と業務改善	4	2	0
（4）管理者層の責任能力	4	2	0
（5）組織性格の開発	4	2	0
2．目で見る管理の基本			点
（1）経営者のリーダーシップ			点
① 失敗の活かし方	4	2	0
② 経営者の基準行動（行動見本）	4	2	0
③ 現場への意欲的な関わり	4	2	0
④ 事故防止活動に対する本音	4	2	0
⑤ 経営者の従業員観	4	2	0
（2）現場情報のモニタリング			点
① 事故の定義と管理	4	2	0
② 事故情報の活用	4	2	0
③ 情報管理のしくみの運用	4	2	0
④ 情報に基づく意思決定の徹底	4	2	0
⑤ 管理指標を生かした問題解決	4	2	0
（3）ドライバーとのコミュニケーション			点
① 基準行動の徹底	4	2	0
② 管理者からの運行・作業指示	4	2	0
③ 報告に対するフィードバック	4	2	0
④ 事故分析と個別面談の充実	4	2	0
⑤ 運行管理者の責任能力	4	2	0
（4）具体的ドライバースキル（教育・訓練）			点
① 基本を通じた意識向上	4	2	0
② 日常点検、整備、備品管理	4	2	0
③ 基礎教育の充実	4	2	0
④ スキル習得への支援	4	2	0
⑤ 顧客対応（接客）への指導	4	2	0
（5）小集団活動			点
① リーダー（班長）の行動見本	4	2	0
② チームミーティング（班会議）の開催	4	2	0
③ 小集団活動の内容充実	4	2	0
④ 小集団活動を通じた継続的改善	4	2	0
⑤ リーダー育成のための教育、制度	4	2	0

第7章　安全マネジメントの自己診断チェックリスト

主要な問題点	
1．安全マネジメントの体系（合計　　　点） （全社）	2．目で見る管理の基本　（合計　　　点） （営業所）
主要な問題点	**総合的に見た改善項目対策**
（1）経営者のリーダーシップ（小計　　点）	（優先順位の高いもの3つに絞って）
（2）現場情報のモニタリング（小計　　点）	
（3）ドライバー管理　　　　（小計　　点）	
（4）具体的ドライバースキル（小計　　点）	
（5）小集団活動　　　　　　（小計　　点）	

【著者紹介】

高橋　朋秀（たかはし・ともひで）
平成 7 年、株式会社創造経営センター入社
コンサルティング事業部マネージャー、中小企業診断士

一般社団法人日本創造経営協会は、約 60 年にわたる研究をもとに数多くの企業を再建して繁栄をもたらし、創造経営経済学を提唱した故薄衣佐吉会長を中心とし、関与先企業の経営者が中核となって設立された団体である。世界混迷の時代に、共生と共益を実現する"創造経営システム"の研究とその実践企業を中心に、一波万波運動として全国に及ぼすことにより、人類経済社会の秩序を確立すべく活動を展開している。

日本創造経営グループとして、監査法人薄衣佐吉事務所、株式会社創造経営センター、株式会社ソウケイ・ハイネット、税理士法人大和(ヤマト)がある。
関連機関として、創造経営教室（基礎コース、中級コース、上級コース、創造婦人教室）、創造経営大学校（経営コース、AIS コース、CIO コース）がある。

主な実績：運送業、建設業などの経営診断・指導、マネジメントシステム構築・運用、小集団活動の導入・運営、経営者・管理者教育、ISO9000・14000 導入・運用支援、中小企業大学校の研修講師などに従事。社団法人全日本トラック協会の経営分析テキスト作成、経営診断システムの開発などに携わる。平成 20 年 8 月より 1 年間、国土交通省国土交通政策研究所に主任研究官として任期付で勤務し、運輸業の組織的安全マネジメント、交通産業の倒産分析などの調査研究に取り組む。

主な著書：共著で、トラック経営革新（同友館）、トラック環境経営（同友館）、最新トラック物流（同友館）など。

【連絡先】
住　所：〒113-0033　東京都文京区本郷 2-10-9　冨士ビル
TEL　03-3816-1451　　FAX　03-3814-1933
ホームページ：http://www.sokei.co.jp/
メールアドレス：22hide @ sokei.co.jp

2013年9月25日　初版　第一刷発行

運送業の安全マネジメント
～トラック・バス・タクシー経営の基本～

著　者　©高　橋　朋　秀

発行者　　脇　坂　康　弘

発行所　株式会社　同友館

〒113-0033 東京都文京区本郷 3-38-1
本郷イシワタビル3F
TEL 03(3813)3966　FAX 03(3818)2774
http://www.doyukan.co.jp/

乱丁・落丁はお取り替えいたします　●印刷　萩原印刷　●製本　松村製本所
ISBN 978-4-496-04999-6　　　　　　　　　　　　　　Printed in Japan

本書の内容を無断で複写・複製（コピー）、引用することは、特定の場合を除き、著作者・出版社の権利侵害となります。